Gründe deine Unterneh

TCHEP'S

BEYOND BELIEF

Ninelle Tchepanou Sofack

Gründe deine Unternehmung und sei erfüllt

Wertschaffung für deine Zielgruppe in 7 Schritten

Mit einem praktischen Beispiel
von Neclion-Sportswear

Bibliografische Information der Deutschen Nationalbibliothek:
Die Deutsche Nationalbibliothek verzeichnet diese Publikation in der
Deutschen Nationalbibliografie; detaillierte bibliografische Daten
sind im Internet über https://portal.dnb.de/ abrufbar.

Umschlagdesign, Satz, Herstellung und Verlag:
BoD – Books on Demand, Norderstedt

ISBN 978-3-7534-6783-2

Inhalt

Danksagung   7

Einleitung   15

Beginne wie der Neclion-Gründer dort, wo du stehst   19

Der Kunde und sein Umfeld   31

Das Geheimnis jedes erfolgreichen Unternehmers   38

Wie du dich am besten auf deine Unternehmung
vorbereiten kannst   50

Mit den echten Anforderungen das minimale
überlebensfähige Produkt (MVP) erzeugen   76

Starte dein Online-Business   128

Sicherung der Kundenzufriedenheit   149

Effektive Kommunikation   161

Fazit und Ausblick   172

Danksagung

Zunächst einmal möchte ich meinem Herausgeber danken.

Ich möchte auch meinem Bruder Eric Tchepanou und meiner Mutter Julienne Djougue Kenfack für ihre offenen Ohren und motivierenden Worte danken, „wie ich das, was ich in mir spürte und wusste, ausdrücken sollte".

Was schließlich dort landete, in meiner Seelenausgießung, auf einem Blatt Papier, musste erst einmal meine Lektorin lesen. Es war nicht immer einfach. Was sie getan hat, war phänomenal. Vielen Dank, liebe Cindy Dankert.

Ich möchte auch meinem Korrekturleser danken, der sich während des Lesens bestimmt sehr geschämt hat, wenn ich an all meine Rechtschreibfehler denke. Vielen Dank für dein Verständnis und deine Geduld, lieber Gaël Djoukang Necdem, Gründer von Neclion.

Danke an meine Familie, die mir immer die Kraft und Zeit gegeben hat, mich meinem Buchprojekt zu widmen. Ohne sie hätte ich es nicht geschafft.

Endlich ist Freitag. Ich habe mal wieder eine sehr anstrengende Woche hinter mir. Ich bin im Zug auf den Weg nach Hause und denke, wie sinnlos mein Leben doch ist. Ich schaue aus dem Fenster und fühle mich in meinem eigenen Leben gefangen. Wie komme ich bloß aus diesem Gefängnis, das ich mir selbst erbaut habe, heraus? Nach fünf Jahren Studium und einigen Jahren Arbeitserfahrung habe ich immer noch das Gefühl, dass ich nichts aus meinem Leben gemacht habe. Aus dem Fenster blickend, stelle ich mir Fragen: Was kann ich wirklich? Was haben mir diese Studiengänge wirklich gebracht? Warum habe ich überhaupt studiert? Wieso habe ich das studiert, was ich studiert habe? Warum habe ich über all diese Jahre Menschen blind vertraut, die mir gesagt haben, dass eine erfolgreiche Person jemand sei, der einen Universitäts- oder Hochschulabschluss hat? Je mehr Abschlüsse man habe, desto erfolgreicher und wertvoller sei man in den Augen der Gesellschaft, und genau das setzte ich mir daher als Lebensziel.

Seit meiner Kindheit habe ich mich immer in verschiedenen sozialen Umfeldern wohl gefühlt und habe sehr früh durch diverse Interaktionen meine Kommunikationsstärke entdeckt. Im Grunde genommen fühlte ich mich in allen Bereichen wohl, wo ich mit Menschen interagieren konnte (wie zum Beispiel in der Gemeinde als Chor- und Jungendgruppenleiterin). Insbesondere gefiel mir, anderen beizustehen, sie zu beraten und ihnen aktiv helfen zu können. Aktiv helfen bedeutet für mich, Aufgaben für andere zu erledigen oder als Vermittlerin für diese zu fungieren. Ich wollte auch später (aus unserer Sicht also heute) in diesem Bereich tätig werden, bevor mir ein Verwandter riet, dass ich ein Studium auswählen solle, welches mir in der Zukunft mehr Sicherheit bringen würde. Ich solle mir einen Bereich aussuchen, bei dem ich mir sicher sein könne, dass ich immer einen Arbeitsplatz bekommen würde. Dieser Ratschlag war an sich nicht schlecht, nur vergaß er, mir zu sagen, dass es im Leben oder auf dem Arbeitsmarkt nicht nur darum geht, eine Absolventin zu sein, sondern man sollte auch Spaß an der gewählten Ausbildung oder Stelle haben, um qualitativ gute Arbeit leisten zu können. Ich habe selbst am eigenen Leib lernen müssen, dass es in der Praxis nicht nur darum geht, einen Abschluss zu haben, sondern dass die Qualität der Leistungen, welche erbracht werden, für die Arbeitgeber das Wichtigste ist. Aber wie kann man denn die Beste werden, wenn man von Anfang an die falsche Ausbildung und später den falschen Job auswählt?

Heute bin ich im Bereich Business Consulting tätig und schon wieder bin ich in einer neuen Stadt und in einem anderen Hotelzimmer. Am Anfang fand ich es spannend, aber mittlerweile ist es nur noch eine Qual. Ich frage mich, wie und woher viele Menschen die Kraft nehmen, es so lange in diesem Beruf auszuhalten. Diese Menschen verdienen meinen Respekt. Jeden Montag stehe ich auf und reise weite Strecken (sieben bis zehn Stunden, wenn keine Verspätungen eintreten) mit dem Zug, um in die Stadt zu kommen, wo ich arbeiten werde. Nach langer Fahrt komme ich sehr müde und erschöpft an meinem Arbeitsplatz an und habe nur noch einen Wunsch: ins Hotelzimmer zu gehen, um mich dort auszuruhen – aber nichts da! Ich bin an einen Vertrag gebunden und muss Leistungen erbringen. Ich habe mich immer wieder gefragt, wie ich in solch einer Verfassung qualitativ hochwertige Arbeit leisten soll. Wie oft hatte ich den Zweck meiner Existenz infrage gestellt und bemerkt, dass es große Abweichungen zwischen meinen Lebenserwartungen und der aktuellen Realität gab. Wenn ich es nur schaffen würde, Herr über meine Zeit zu werden, könnte ich endlich mehr Zeit mit meinen Freunden, Bekannten und meiner Familie verbringen und mich auf Sachen konzentrieren, die mich wirklich glücklich machen, nämlich einen Wert für meine Mitmenschen zu schaffen.

So hätte ein Auszug aus meinem Tagebuch aussehen können, wenn ich damals eines geführt hätte.

Die langen Reisen, die fremden Hotelzimmer und die ständig wechselnden Arbeitsumgebungen und Kollegen* motivierten mich, meine Arbeitsstelle aufzugeben; da ich zum damaligen Zeitpunkt noch dachte, dass meine Unzufriedenheit an dieser dynamischen Situation lag. Zu diesem Zeitpunkt war ich felsenfest davon überzeugt, dass mein Unwohlsein verschwinden würde, wenn ich eine Stelle fände, die mir ermöglichen würde, jeden Tag in meine eigenen vier Wände zurückzukehren. Aber wie du es dir sicherlich schon denken kannst, lag ich damit falsch.

Denn auch in dem neuen Job war ich sehr frustriert und unzufrieden damit, jeden Tag eine Tätigkeit auszuüben, die mir nicht gefiel und in der ich mich nicht weiterentwickeln konnte. Ich verspürte ein Brennen in mir, ein Feuer, das mir signalisierte, dass ich noch nicht am Ende meiner Reise angekommen war, wie ich es mir so sehr gewünscht hätte. In meinem Kopf herrschte Chaos, ich wusste einfach nicht mehr, was ich denken sollte. Sollte ich wie jeder meinen Job machen und damit zufrieden sein, am Ende

---

* Für eine bessere Lesbarkeit wird im Text zumeist das generische Maskulinum gewählt. Es sind natürlich, wenn es der Kontext nicht anders nahelegt, immer alle Geschlechter mitgemeint.

des Monats eine Vergütung zu bekommen, die meines Erachtens mein Potenzial nicht widerspiegelte? Oder sollte ich auf meine innere Stimme hören und mich auf die Suche nach einem Unternehmen machen, mit dem ich in Einklang sein könnte? Jeder von uns verspürt zu irgendeinem Zeitpunkt in seinem Leben sicherlich mindestens einmal dieses Gefühl, sodass ihr meine Lage bestimmt sehr gut nachempfinden könnt. Diese innere Stimme wurde jeden Tag lauter und ließ mich nicht mehr los. Das Einzige, was ich sicher wusste, war: Ich musste etwas verändern! – Aber was? Warum war ich denn so unzufrieden? Warum war ich so von meiner eigenen Person enttäuscht? Wie sollten andere an mich glauben, wenn ich das nicht einmal selbst tat?

Sechs Monate später hatte ich keine Stelle mehr, weil das Projekt abgelehnt worden war. Ich war wütend, ich war sauer. Ich hatte das Gefühl, die Welt fiele mir auf den Kopf. Was würde mein Umfeld sagen, was meine Familie, meine Freunde über mich denken? Sicherlich würden sie mich für eine Versagerin halten, eine, die nicht einmal einen Job behalten kann. Würden sie es überhaupt verstehen, wenn ich ihnen erklärte, dass es nicht meine Schuld war? Würden sie es verstehen, dass ich mich trotz der Situation irgendwie befreit fühlte? Wie sollte ich ihnen das beibringen? Ich spürte, wie Tränen aus meinen Augen flossen. Ich war so zerschlagen. Ich war hoffnungslos und wollte nur noch die Zeit zurückdrehen bis zu dem Moment, in dem ich mich für diese Stelle entschieden hatte. Wieso hatte ich mich von meinem Gefühl hereinlegen lassen, wieso war ich denn nur so naiv gewesen? Wieso nur, warum nur, weshalb ...

Es war ein harter Schlag für mich. Ich konnte nichts essen und war einige Tage lang am Boden zerstört. Was mich am meisten verletzte, war nicht die Tatsache, dass ich arbeitslos war, sondern dass ich es nicht hatte kommen sehen. Das Leben wäre so viel einfacher, wenn man eine Glaskugel hätte, die einen in die Zukunft blicken ließe.

Die Reisezeit an dem besagten Freitag verging schnell. Ich war so in meine Gedanken vertieft, dass ich nicht einmal bemerkte, dass der Zug schon stand. Wie lange ich noch in meinem Abteil saß, kann ich euch nicht sagen. Genau in diesem Moment fasste ich die Entscheidung, auf meine innere Stimme zu hören. Aber wie sollte ich mit ihr sprechen? Welche Fragen musste ich ihr stellen, damit sie mir antwortete? Eines war jedoch felsenfest klar: Ich wollte endlich „mein eigenes Ding" starten. Eine Unternehmung, die mir ermöglichen würde, anderen zu helfen, indem ich das tat, wovon ich immer geträumt hatte: andere Menschen zu motivieren und ihnen dabei zu helfen, ein Leben nach ihren Wünschen zu leben.

Obwohl ich traurig und wütend war, verspürte ich ganz tief in mir eine Zufriedenheit, die mich ein bisschen verwirrte. Mein Leben war dabei zu zerfallen – zumindest auf der physischen Ebene – und doch war ich irgendwie zufrieden. Es fühlte sich wie eine Befreiung an, als ob ich gerade aus einem Gefängnis, in dem ich jahrelang gesessen hatte, entlassen worden war. Ich kann bis heute dieses Gefühl nicht mit Worten beschreiben. Ich war einfach im Unterbewusstsein glücklich. Ich weiß, es klingt echt verrückt, aber ich versuche nur mein damaliges Empfinden zu beschreiben.

All diese Erlebnisse brachten mich zu der Erkenntnis, dass ich etwas Eigenes starten muss, wenn ich nicht noch einmal so etwas erleben wollte. Ich stürzte mich in die Lektüre diverser Bücher, denn ich wollte allen beweisen, und vor allem mir, dass ich mehr konnte. Ich wollte meine Kompetenzen nutzen, um endlich eine

Tätigkeit auszuüben, die mir Spaß machte und bei der ich endlich mit anderen Menschen interagieren könnte. Es war mir auch klar, dass ich parallel zum Aufbau meiner Unternehmung weiterarbeiten musste, um meinen Lebensunterhalt finanzieren zu können. Ich setzte mich hin und erstellte einen Maßnahmenplan für die nächsten zwei Jahre. Ich schrieb auf, welche Aktivitäten notwendig waren, um mein Ziel, meine Vision zu erreichen. Unter anderem entschloss ich mich, eine Weiterbildung im Bereich psychologische Beratung und als Personal Coach zu machen.

Wie du feststellen kannst, befinde ich mich auf der Startlinie, am Anfang meiner Reise als Unternehmerin. Ich möchte dich ermutigen, diesen Weg, diese Reise gemeinsam mit mir zu unternehmen. Ich möchte in diesem Buch meine bisher gewonnenen Erfahrungen sowie meine Früchte diverser Lektüren teilen, damit wir an ein und demselben Strang ziehen. Ich habe in diesem Buch ein Konzept oder, wie ich es nenne, die „detaillierte Wertschaffungskette" (siehe Kapitel 4.3) zusammengestellt, die dir helfen soll, bereits zu Beginn deiner Unternehmung die richtigen Lösungen für Probleme zu finden. Dies soll gewährleisten, dass deine Unternehmung die Bedürfnisse deiner ausgewählten Zielgruppe zu deren Zufriedenheit löst. Ich verwende dabei den Begriff „Unternehmung" und nicht „Unternehmen", da es bei der Wertschaffung erst einmal darum geht, sich explizit mit den Bedürfnissen oder Problemen der ausgewählten Zielgruppe (der potenziellen Kunden) auseinanderzusetzen. Außerdem werde ich im Buch das „Du" benutzen, um das Gespräch persönlicher zu gestalten.

Einleitung

Ich persönlich möchte noch vor den Ruhestand genug Geld verdienen, um so früh wie möglich finanzielle Freiheit zu erreichen. Ich möchte nicht 40 bis 45 Stunden die Woche in einem Unternehmen eine Tätigkeit ausführen, die mir nicht gefällt. Ich möchte Herr über meine Zeit werden und selbst entscheiden, welche Aufträge ich annehme. Ich könnte dann endlich selbst bestimmen, mit wem ich arbeite und vor allem wann.

Eines ist mir klar: dass ich mit der gesetzlichen Rente allein, einmal im Ruhestand angekommen, meinen Lebensstandard höchstwahrscheinlich nicht werde sichern können, außer ich gewinne im Lotto, werde von heute auf morgen Millionär oder ich bekomme einen Brief, in dem steht, dass mir irgendeine bis dahin unbekannte Tante eine namhafte Summe hinterlassen hat.

Bevor ich jedoch weiterhin in Träume versinke, bevorzuge ich es, die Fakten zu betrachten und in der Realität zu bleiben. Was kann ich also tun? Ich muss irgendeinen Weg finden, um eine andere Geldquelle zu erzeugen. Ich muss irgendwie schaffen, ein passives Einkommen aufzubauen. **Wenn es dir genauso geht wie mir, habe ich eine Frage an dich: Was gedenkst du zu tun?** Ich persönlich rate uns, einen Weg zu finden, eine eigene Unternehmung aufzubauen, die parallel zu den alltäglichen Aktivitäten läuft. Du fragst dich sicherlich, wie du das anstellen sollst, und vor allem, wo und mit was du anfangen sollst.

Mache dir keine Sorgen, ich habe vorgesorgt, um uns, um dir den ersten Schritt dieser Reise zu erleichtern. Dieses Buch soll dir den Beginn deiner Unternehmung erleichtern und dir zeigen, wie du deine Motivation am besten ausrichten kannst, um eine erfolgreiche Unternehmung zu gründen. Weiterhin zeige ich dir, warum die Auswahl der richtigen Zielgruppe und die Erstellung einer Persona wichtig sind. Ganz einfach gesagt, rate ich dir, mit den Ressourcen anzufangen, die du in diesem Moment hast. Fange also genau dort an, wo du stehst. Die detaillierte Wertschaffungskette, die ich für dich entwickelt habe, zeigt dir Schritt für Schritt, wie du einen angestrebten Wert oder auch ein Ergebnis für deine gewählte Zielgruppe erzeugen kannst. Dabei kommen auch Online-Business, Kundenzufriedenheit und Kommunikation zur Sprache, denn diese Instrumente helfen dir, deine Unternehmung erfolgreich aufzubauen, zu führen und zu steuern.

Achtung! In diesem Buch dreht sich alles um das Thema „Wertschaffung". Es wird absichtlich nicht auf Marketing, Verkauf oder Finanzen eingegangen, damit du dir wirklich Zeit nimmst, dich auf das Thema der Wertschaffung, die du für deine Zielgruppe entwickeln möchtest, zu konzentrieren. Der größte Fehler, den viele machen, ist, sich unüberlegt in die Entwicklung einer Idee, von der sie begeistert sind, zu stürzen, um später zu realisieren, dass es keinen Markt für das entwickelte Produkt gibt oder die Kunden lieber weiterhin die alternativen Produkte benutzen, weil das neue ihre Bedürfnisse nicht befriedigt. Aber diese Einsicht kommt zu spät, weil bis dahin bereits viel zu viel Geld, Energie und Zeit verschwendet wurde. Damit dir das nicht widerfährt, erkläre ich dir mithilfe meiner detaillierten Wertschaffungskette alles, was du über die Wertschaffung wissen solltest.

Die Methode, um den entscheidenden Entschluss zu treffen

Ich habe mich im Vorwort bereits ausführlich vorgestellt und dir die Gründe genannt, die mich dazu geführt oder getrieben haben, mich in diese Unternehmung zu stürzen. An dieser Stelle möchte ich dich einladen, ein Blatt Papier zu nehmen oder ein leeres Word-Dokument zu öffnen und zwei Spalten zu erstellen. Über die ersten Kategorie schreibst du als Überschrift: „Vorteile, die der Start einer Unternehmung bringt", und über die zweite: „Nachteile, die der Start einer Unternehmung bringt". Schreibe jeweils alle Gründe auf, die dir einfallen. Lasse dir ein paar Tage Zeit, um auch wirklich alle Punkte zu erfassen. Nach mehrmaligem Durchlesen kannst du anschließend deine aufgeschriebenen Punkte priorisieren. Bewerte anschließend das Ergebnis. Solltest du mehr negative Punkte als positive aufgeschrieben und priorisiert haben, lade ich dich dazu ein, die nächsten zwei Kapitel zu lesen, bevor du dich entscheidest, das Buch wegzulegen. Solltest du bei deiner Bewertung mehr positive Gründe haben, dann gratuliere ich dir, dass du genauso wie ich an einem Punkt angelangt bist, wo du nichts mehr zu verlieren hast und einfach bereit bist, alles zu versuchen und einen Mehrwert für dein Leben zu erzeugen.

Als Nächstes beschreibe ich den Verlauf des Buches, um dir eine Übersicht über die einzelnen Kapitel zu geben.

Gang der Untersuchung

Das Buch gliedert sich in zehn Kapitel, die wiederum in drei Abschnitte unterteilt sind. Im ersten Teil werden die ersten Aktivitäten zur Vorbereitung für die Gründung einer Unternehmung vorgestellt. Im zweiten Teil zeige ich dir, wie du die echten Bedürfnisse deiner zukünftigen Kunden herausfindest. Im dritten und letzten Teil gehe ich auf den Einstieg ins Online-Business, die Sicherstellung der Kundenzufriedenheit sowie die Kommunikation ein.

Im nächsten Kapitel werde ich dir einen jungen Unternehmer vorstellen, der wie du und ich damals den Mut fasste und sich entschloss, eine eigene Unternehmung zu starten. Er ist über Höhen und durch Tiefen gegangen, aber er hat nicht aufgegeben, bis seine Sportmarke „Neclion" auf dem Markt eingeführt war. Mich interessiert unter anderem seine Motivation und welchen Herausforderungen er auf seinem Weg bis zur Einführung seiner Marke begegnet ist. Auch möchte ich wissen, welche Erfahrungen und Empfehlungen er uns (mir und dir) mit auf den Weg geben kann, damit wir nicht dieselben Fehler machen oder anders ausgedrückt: damit wir aus seinen Fehlern lernen. Er ist einer von vielen, die bewiesen haben, dass man sein Business durch die richtige Strategie auch mit nur wenig Kapital starten kann.

Beginne wie der Neclion-Gründer dort, wo du stehst

Neclion wurde von Gael Djoukang Necdem ins Leben gerufen. Er stammt ursprünglich aus Kamerun und ist ein sehr begeisterter junger Unternehmer, der seinen Beitrag in dieser Welt leisten will. Seine erste Unternehmung baute er erfolgreich mit 24 Jahren zusammen mit einem Partner während eines beruflichen Aufenthaltes in China auf. Ein Jahr später gründete er seine Sportmarke Neclion.

Im weiteren Verlauf dieses Kapitels werde ich euch einen kurzen Einblick in die wichtigsten Schritte und Aktivitäten seiner Reise geben. Außerdem wirst du sehen, dass eine Unternehmung ohne einen strukturierten Prozess- oder Maßnahmenplan längerfristig nicht bestehen kann. Als ich die „detaillierte Wertschaffungskette" konzipiert habe, habe ich mich auf die Suche nach jungen Unternehmern gemacht, die so oder ähnlich vorgegangen sind, wie ich es in diesem Buch beschreibe. Herr Djoukang Necdem hat mir erlaubt nicht nur seinen Namen, sondern auch seine Geschichte als Beispiel zu nehmen, um zu zeigen, dass eine Unternehmung zu gründen kein „Hexenwerk" ist. Man muss auch keine Million besitzen, um ein erfolgreicher Unternehmer zu sein. Jeder – auch du, ja, du – kann eine Unternehmung erfolgreich gründen, wenn dabei die richtigen Strategien angewendet werden.

Ich habe im Vorwort das Ereignis, die eine Situation, diesen emotionalen Zustand geschildert, die meinen Wille bestärkten und mich motivierten, meine eigene Unternehmung zu starten. Jetzt werde ich dir meine Unterhaltung mit dem Neclion-Gründer beschreiben: wie er angefangen hat, was ihn bei der Umsetzung seiner Idee angetrieben hat, welche Herausforderungen er auf seinem Weg bezwingen musste und welche Erfahrungen er dabei gemacht hat. Die Zusammenfassung unseres Gesprächs soll dir eine andere Sicht – ein Praxissicht – auf das Ganze geben und dich dazu ermutigen, ins kalte Wasser zu springen und dich von der Strömung gezielt (durch Anwendung einer Strategie) mitziehen zu lassen. Es gibt nämlich keinen perfekteren Zeitpunkt, um eine Unternehmung zu starten.

Zu Beginn unseres Gesprächs verriet mir der Neclion-Gründer, dass man neben anderem sehr viel Motivation, Selbstbewusstsein, Positivität, Kraft (sowohl psychisch als auch physisch), Belastbarkeit, Durchhaltevermögen und Energie mitbringen soll, wenn man eine Unternehmung starten möchte. Er sagte mir weiterhin, dass die erste Baustelle, auf die man sich als angehender Unternehmer fokussieren soll, das Mindset ist. Aus seiner Sicht liegt die Herausforderung, eine Unternehmung zu gründen, nicht darin, Ideen zu finden, sondern diese umzusetzen. Denn es gibt zwar unzählige Menschen mit Talent und Ideen, doch bringen die meisten nicht genug Mut, Kraft, Motivation und Disziplin auf, um ihre Idee ins Leben zu rufen bzw. auch dann noch am Ball zu bleiben, wenn es aussichtslos erscheint. Unternehmer zu sein ist eine lange und einsame Reise, es ist ein Marathon und kein Sprint. Man wird auf dem Weg diverse Herausforderungen und Stolpersteine finden, es geht darum, jedes Mal, wenn man hinfällt, wiederaufzustehen und den Weg fortsetzen. Es ist vergleichbar mit einem Baby, das gerade laufen lernt. Es macht einen ersten Schritt, fällt und weint, aber es gibt nie auf. Am nächsten Tag probiert es wieder zu gehen und immer wieder, bis der

Punkt erreicht ist, an dem es sich aufrecht halten kann und das Gleichgewicht nicht mehr verliert.

Die Geburt der allerersten Unternehmung von Herrn Djoukang Necdem erfolgte während eines geschäftlichen Auslandsjahrs in China. Die Gründung zusammen mit einem chinesischen Partner mit Nullkapital lehrte ihn zwei wichtige Dinge:

▶ zum einen den Umgang mit dem Geschäftspartner und
▶ zum anderen, dass man auch ohne Kapital eine Unternehmung starten und aufbauen kann.

Nach gründlichen Recherchen und Marktanalysen kamen er und sein Geschäftspartner auf die Idee, Partnerschaften mit Lieferanten vor Ort einzugehen, um eine Unternehmung im Bereich des „indirekten Vertriebs" nicht nur zu starten, sondern zugleich für die Produkte der Lieferanten vor Ort (China) in den westlichen Staaten zu werben. Die Unternehmung bestand darin, Endkunden für ein Produkt zu begeistern und zu gewinnen und als Zwischenvermittler anstelle des Anbieters den gesamten Kaufprozess und, falls vertraglich festgehalten, auch den Customer Service abzuwickeln. Ihre größte Challenge war das mangelnde oder unzureichende Know-how im Bereich der Kundenakquise. Beide waren junge Unternehmer, die vor kurzem das Studium abgeschlossen hatten und den Drang verspürten, etwas Eigenes aufzubauen. Es kamen viele Fragen auf:

▶ Wie startet man eine Unternehmung ohne Startkapital am besten?
▶ Wie sieht der erste Schritt aus?
▶ Wer kann uns bei der Erstellung des Businessplans helfen?
▶ Wer kann uns dabei beraten?

- ▶ Wird man uns ernst nehmen?
- ▶ Sind wir nicht zu jung dafür?
- ▶ Wie könnten wir uns am besten vor den Kunden verkaufen?
- ▶ Sollen wir nach Investoren suchen?
- ▶ Wie können wir die Kunden am besten ansprechen?
- ▶ Welche Vertriebswege gibt es: Mail, Werbeanzeige, Telefon, Chat etc.?

Sie wussten, dass es ein langer und anstrengender Weg sein würde, aber sie gaben nicht auf. Eine kritische Herausforderung lag in der Kundengewinnung. Jeder konnte ein potenzieller Kunde sein, aber einen Kunden zu gewinnen und ihn dazu zu bringen, das Produkt zu kaufen, war die schwierigste Hürde. Ihr ganzer Plan stand und fiel mit dem Gelingen dieses Schrittes. Es musste eine Lösung her.

Aufgrund des fehlenden Startkapitals beschlossen die beiden, Kunden mithilfe sozialer Netzwerke und durch „Mundpropaganda-Marketing" zu gewinnen. Sie erzielten mit dieser Null-Kapital-Unternehmung Gewinne im fünfstelligen Bereich. Mit diesem Beispiel möchte Herrn Djoukang Necdems obige Aussage unterstreichen, dass nie die Idee das Problem darstellt, sondern deren Umsetzung. Denn es gibt keine schlechte Idee, sondern nur eine schlecht durchdachte Strategie. Eine Idee, die auf dem ersten Blick schlecht erscheint, kann mit einer guten Strategie zu großen Erfolgen führen.

Nach dieser erfolgreichen Unternehmung wollte der junge Gründer, zurück in Deutschland, seines eigene Business starten. Diese sollte mit seiner Leidenschaft für den Sport zu tun haben. Der Name für seine Marke entstand während eines Besuchs im Fitnessstudio, wo er vor einigen Clubbesuchern ein paar

Sportübungen vorführte. Diese waren so begeistert, dass sie ihm den Spitznamen „Lion" gaben.

Eines Abends, als er in seine Gedanken vertieft war, spürte er einen Drang vergleichbar mit einem brennenden Feuer, das in seinem Innern brannte. Es ist dieses Gefühl, das in einem hochkommt, wenn der Geist oder das „innere Ich" dir mitzuteilen versucht, dass du endlich eine Sache angehen musst, die du zu lange verdrängt hattest. Meistens findet man unzählige Gründe, warum man etwas nicht tut oder es immer wieder aufschiebt. Immer wieder redet man sich ein, dass es nicht der richtige Moment sei. Man versucht sich zu überzeugen, dass man gerade so vieles um die Ohren habe und die Zeit dafür nicht ausreichen würde. Man schiebt es auf den Stress, die Familie, die Arbeit, mangelndes Selbstvertrauen, Angst vor den Reaktionen anderer oder davor zu scheitern und vieles mehr. Aber wenn man ehrlich mit sich selbst ist, weiß man meistens tief im Innern, dass das alles nur Ausreden sind. Denn dieses Brennen bleibt meistens so lange, bis man sich endlich entschließt zu handeln. Zumindest war es so beim Neclion-Gründer: Sein brennendes Feuer hörte nicht mehr auf. Jedes Mal flüsterte ihm diese innere Stimme zu, dass der Moment gekommen sei, dass er es einfach wagen solle, denn wer es nicht versucht, hat längst verloren. Wer es aber in Angriff nimmt und es eventuell nicht schafft oder gar scheitert, kann glücklich und zufrieden sein, denn er hat es wenigstens versucht.

Herr Necdem versuchte weiterhin, diese Stimme zu ignorieren, bis sie eines Tages so laut wurde, dass er sie einfach nicht mehr ignorieren konnte. An diesem Abend dachte er über sein Leben nach und was er bis dato erreicht hatte. Er überlegte, wo er jetzt stand und wo er sich in zehn Jahren sah. Welche Herausforderungen und Opfer er dafür bringen müsste. Er dachte über den Ruhestand und seine Rente nach und es kristallisierte sich mehr und mehr heraus, dass sein Lohn allein diesen Ruhestand, zumindest mit dem Lebensstandard, den er sich wünschte, nicht decken würde. Etwas musste also her, ein Wunder musste geschehen, denn selbst nach unzähligen mathematischen Berechnungen erschien ihm sein Leben irgendwie sinnlos. Er opferte sein ganzes Leben für jemand anderen, ein Unternehmen, und konnte am Ende nicht einmal seinen Ruhestand genießen. Selbst mit noch mehr Arbeit als jetzt und noch weniger Freizeit würde er seinen Ruhestand nicht finanzieren können. Da wusste er: Er musste etwas Eigenes starten, ein Nebeneinkommen oder auch passives Einkommen, wie man es im Fachjargon nennt. Er musste einfach ins kalte Wasser springen und losschwimmen, bis er den Punkt erreicht haben würde, wo er sich von der Strömung treiben lassen konnte. In diesem Moment verschwanden die düsteren Wolken und es zeigte sich ein strahlend blauer Himmel. Er sah jetzt sein Ziel klar vor sich, seinen Weg. Dieser Moment war die Geburtsstunde von Neclion.

Nun musste er sich so gut es ging mit dem Know-how, das er bis dato besaß, auf diese lange Reise vorbereiten, obwohl er ja bereits aus den vorherigen Erfahrungen wusste, dass man sich auf einen so langen und komplexen Weg gar nicht sorgfältig genug vorbereiten kann.

Der erste Begriff, den er auf sein Blatt Papier schrieb, war: „Zielgruppe". Um einen Wert zu schaffen und auch sicherzustellen, dass das Produkt einen Bedarf abdeckt, muss man vorab seine Zielgruppe nicht nur identifizieren, sondern sie auch definieren. Dazu gingen ihm folgende Fragen durch den Kopf:

▶ Ist es der richtige Zeitpunkt, eine solche Unternehmung zu starten?

- Verfüge ich über die dafür notwendigen Ressourcen?
- Welche Zielgruppe will ich erreichen und warum gerade diese?
- Wie kann ich meine Zielgruppe am besten erreichen?
- Welche Probleme sollen mit der Idee gelöst werden?
- Was für Player gibt es auf dem Markt und wie kann ich mich von diesen abgrenzen?
- Was für Lieferanten gibt es auf dem Markt?
- Welche allgemeine Strategie kann ich nutzen?
- Welche Marketingstrategien gibt es und welche passt am besten langfristig zu meiner Vision?
- Welche Vertriebswege oder Strategien gibt es und wie soll ich sie anwenden?
- Wie kann ich langfristig die Zufriedenheit meiner Kunden sicherstellen?
- Wie steht es mit der Digitalisierung, soll ich sie beachten oder ignorieren?

Nachdem er all diese Fragen beantwortet und eine geschäftliche Rechtfertigung in Form eines Business Case formuliert hatte, stand seine erste Strategie. Nun machte er sich vor Ort auf die Suche nach potenziellen Lieferanten. Die fortlaufende geschäftliche Rechtfertigung ermöglicht es zu entscheiden, ob das angestrebte Ergebnis einen Nutzen erzielen wird. Wichtig ist hier, dass die Veränderung, welche die Idee mit sich bringt, messbar ist, denn dies gewährleistet eine bessere Steuerung des Fortschritts über die gesamte Wertschaffungskette. Herrn Djoukang Necdems Unternehmung bestand unter anderem darin, Sportklamotten zu vertreiben. Aus diesem Grund gab es für ihn keine bessere Strategie als eine Produktion im Ausland. Und welches Land konnte geeigneter sein als China, das Land, wo er nicht nur seine erste Unternehmung gegründet hatte, sondern wo sich sein erster Geschäftspartner befand? Zu diesem Partner hatte er bereits Vertrauen aufgebaut und auf diesem Vorteil wollte Herr Djoukang Necdem aufbauen.

Um den Maßnahmenplan zu visualisieren und damit besser überschauen zu können, fertigte er eine Checkliste an, auf der er jede Aktivität nach ihrer Erledigung abhakte, so konnte er den Fortschritt seiner Aktivitäten besser nachverfolgen. Alternativ zu der Checkliste kann auch ein „Meilensteinplan" erstellt werden. Auch dieser erleichtert die Verfolgung der Aktivitäten. Folgende Aktivitäten standen unter anderem auf Herr Djoukang Necdems Checkliste:

► **Patentierung der Marke** Die erste Anlaufstelle in Deutschland, um eine Marke zu patentieren, ist das Deutsche Patentamt (DPMA). Bevor eine Marke zum Patent freigegeben wird, stellt das Amt Untersuchungen an, um sicherzustellen, dass die Marke noch nicht registriert ist. Nach dem erfolgreichen Abschluss dieses Prozesses wird die Marke entweder freigegeben oder abgelehnt. Die Patentierung schützt die Idee des Eigentümers und ist deshalb ein bedeutender Schritt hin zur Gründung eines Unternehmens. Im Allgemeinen gibt es drei Möglichkeiten, um eine Marke zu patentieren:

  – Die erste Möglichkeit ist, die Patentprozedur selbst zu erledigen, sprich, selbst zum Deutschen Patentamt zu gehen und online alles Nötige zu tun, was notwendig ist, damit die Marke patentiert werden kann. Dieser Weg ist auch der kostengünstigste. Gerade als junger oder angehender Unternehmer hat man meistens nicht so viel Geld und möchte, wenn es geht, an allen Ecken sparen. Die gesamten Ausgaben hierfür belaufen sich auf ca. 500 Euro.

  – Die zweite Möglichkeit besteht darin, einen Anwalt, der darauf spezialisiert ist, zu beauftragen und den ganzen Aufwand auf ihn zu verlagern. Der ganze Spaß kostet dann um die 1000 Euro. An dieser Stelle muss betont werden, dass der Stundenlohn eines Anwalts hoch ist.

— Die dritte Möglichkeit ähnelt der zweiten, nur dass man statt eines Anwalts über Onlineforen einen Vermittler beauftragt, der die ganze Arbeit für einen erledigt. Die Kosten liegen hier zwischen 500 und 800 Euro.

Welchen Weg du letztendlich wählst, hängt von deinem Kapital ab. Herr Djoukang Necdem meldete aufgrund mangelnden Kapitals seine Marke selbst an.

▶ **Proof of Concept** Der Proof of Concept ermöglicht, eine Idee auf ihre Machbarkeit zu überprüfen, darüber, ob das Projekt umgesetzt wird oder nicht. Nach dem Proof of Concept wird der erste Prototyp erstellt. Die Entwicklung wird iterativ durchlaufen bis zur Abnahme der ersten verkaufbaren Version. Nach dem Verkauf wird sehr viel Wert auf die Rückmeldung des Kunden gelegt. Diese Feedbacks werden gesammelt, analysiert und zur Verbesserung des Produktes verwendet. Nach dieser Phase werden die Produkte, die eine bessere Kundenbewertung erhalten haben, skaliert und ein kontinuierlicher Verbesserungsprozess (KVP) setzt ein.

In Kapitel 6.3.3 werden dir zwei Methoden präsentiert, mit der du die Machbarkeit deines Projektes überprüfen und bewerten kannst.

▶ **Vertriebsweg (bestehende Plattform oder eigene Website)** Nach der Entwicklung seiner Produkte musste sich Herr Djoukang Necdems zwischen zwei Wegen, wie seine Produkte vertrieben werden sollten, entscheiden: eine bestehende Plattform (Amazon, Ebay oder Ähnliches) zu nutzen oder eine auf das Produkt zugeschnittene eigene Website zu entwickeln.

Die Entscheidung des jungen Unternehmers fiel auf die erste Option, weil er erst einmal Erfahrung sammeln wollte. Außerdem hatte er kein eigenes Kapital, konnte aber mit Amazon seine Produkte auf einer bestehenden und bekannten Plattform vertreiben. Ein weiterer Vorteil bestand darin, dass er direkt an bestehende Kunden der Plattform verkaufen konnte, ohne vorab viel Geld für Kundenakquise auszugeben. Zudem konnten so sehr schnell Umsätze generiert werden. Mit dieser Wahl konnten seine Produkte schon zu Beginn, ohne Investition in eigene Werbung, von sehr vielen Kunden aufgerufen werden, Amazon hat allein in Deutschland fast mehr als 40 Millionen regelmäßige Kunden.

Im Vergleich dazu ist der Aufbau einer eigenen Website keine schlechte Idee, zumal man seine eigenen Regeln aufstellen und tun und lassen kann, was man will, solange man nicht gegen das Gesetz verstößt. Herr Djoukang Necdems empfiehlt jedoch anderen jungen Unternehmern, wie er selbst erst mal mit einer bestehenden Plattform zu beginnen, da einem dadurch sehr viel Arbeit abgenommen wird. Eine eigene Website zu konzipieren, zu bauen und zu betreuen sei mit viel Aufwand verbunden und sehr herausfordernd. Zudem müsse man das Vertrauen der Kunden erst einmal gewinnen, um viel Traffic (ins Deutsche übersetzt, viele Zugriffe) auf die Website zu bekommen. Ein weiterer negativer Punkt sei, dass man sehr viel Geld in Werbung investieren müsste, um eine Kundenakquise sicherstellen zu können. Unabhängig davon, dass die meisten jungen oder angehenden Unternehmer zu Beginn nicht genug bis kein Kapital haben, müssten sie zu Beginn alles selbst machen. Deswegen sollte jede Aktivität, die zunächst ausgelagert werden kann, auch ausgelagert werden. Die Auslagerung ist nicht nur gesundheits- und qualitätsfördernd, sondern hilft einem, den Fokus auf seine eigentlichen Aufgaben und Kompetenzen zu legen. Herrn Djoukang Necdem zufolge soll man jedoch nie seine Kernaufgabe auslagern, diese sollte jeder selbst umsetzen.

In Kapitel 7.2.2 gehe ich explizit auf die Vor- und Nachteile ein, bereits zu Beginn einer Unternehmung eine Website zu entwickeln. Weiterhin stelle ich dir Tools vor, mit denen du deine Website konfigurieren kannst, wenn du kein Geld hast, um einen Entwickler zu engagieren.

Bei der Lieferantensuche startete Herr Djoukang Necdem einen sogenannten „Benchmark-Prozess", um die passenden Lieferanten herauszufinden. Dabei wurde der Fokus nach Wichtigkeit auf folgende Punkte gelegt:

1. **Die Möglichkeit, kleine Start-ups zu bedienen** Auf dem Lieferantenmarkt gibt es viele Anbieter, aber die größte Herausforderung als angehender Unternehmer besteht darin, Lieferanten zu finden, die bereit sind, kleine Mengen zu produzieren. Herr Djoukang Necdem umging diese Herausforderung, indem er sich mit jedem Lieferanten in Verbindung setzte (telefonisch, per E-Mail, persönlich etc.) und diesem seine Unternehmungsvision klar und transparent darstellte. Wichtig dabei war, dem Lieferanten auch den Mehrwert, den dieser durch die Partnerschaft oder Kooperation erzielen würde, darzustellen.

2. **Innovationskraft** Ein weiteres Auswahlkriterium ist die Innovationskraft des Lieferanten. Dieser muss bereit sein, den Status quo zu „challengen", um langfristig einen reellen Wert für die Kunden zu schaffen und dadurch eine Kundenbindung zu ermöglichen.

3. **Preis-Leistungs-Verhältnis** Wichtig hierbei ist, Lieferanten zu finden, die sehr gute Qualität bzw. einen qualitativ hochwertigen Service zu einem sehr guten Preis anbieten können. Eine Strategie ist, sich nicht auf eine „Single Source" zu fokussieren. Es wurden von Herrn Djoukang Necdem mindestens drei

Lieferanten ausgewählt, die am Anfang kleinere Aufträge erhielten. Nach der Lieferung wurde ein Hauptlieferant ausgewählt.

4. **Unternehmensgröße** Größere Gesellschaften haben in der Regel ein hohes Budget und viel Personal, um die Innovationskraft zu erhöhen und die Kunden im Fall von Beschwerden besser unterstützen zu können. Allerdings gibt es am Markt auch viele kleine und mittelständische Unternehmen, die sehr gute Möglichkeiten in Hinsicht auf Innovation, Qualität und Service bieten. Daher ist es von großer Bedeutung, vor der Lieferantenauswahl eine Entscheidungsmatrix zu entwerfen, die einen bei der Analyse unterstützt.

Nach der Aufstellung der genannten Kriterien in einer Entscheidungsmatrix und der Auswertung fiel die Wahl des jungen Unternehmers auf ein mittelständisches Unternehmen. Heute vertreibt Herr Djoukang Necdem seine Produkte auf Amazon. Nach dem erfolgreichen Abschluss seines MBA werden wir sicherlich noch mehr von ihm hören.

Um einen qualitativen Wert für deine Zielgruppe schaffen zu können, musst du dir als Lebensaufgabe setzen, die Erwartungen und Bedürfnisse dieser Zielgruppe bestmöglich, um nicht zu sagen gewinnbringend zu versorgen. Denn deine Zielgruppe oder auch deine potenziellen Kunden sind diejenigen, die letztendlich über den Erfolg deiner Unternehmung entscheiden. Im nächsten Kapitel möchte ich dir deshalb zeigen, weshalb eine kundenorientierte Unternehmung die beste Lösung ist, um deine Profitabilitäts- und Umsatzziele zu erhöhen. Weiterhin erkläre ich dir, wer der Kunde ist und warum er stets im Mittelpunkt deiner Planung stehen sollte.

Der Kunde und sein Umfeld

In diesem Kapitel geht es darum, dir die Macht des Kunden vor Augen zu führen. Zunächst gehe ich auf die Kundenorientierung ein und fahre dann mit der Darstellung des Kunden als Individuum fort. Dann geht es um die Kundenbeziehungen und zuletzt komme ich auf den Customer-Lifetime-Value, den Wert der Kundenlebensdauer zu sprechen.

Kundenorientierung

Kundenorientierung bedeutet für mich, dass du deine Prozesse und Abläufe so konzipierst, dass der Kunde während seiner „Customer Journey" (siehe Kapitel 7.1.1), oder, wie man im Deutschen sagt, während seines gesamten Kundenlebenszyklus (also von dem Moment an, an dem er sein Auge auf dein Produkt setzt und es kauft) und darüber hinaus ein positives Erlebnis erfährt. In seiner Veröffentlichung „Kundenorientierung – Der wichtigste Bestandteil Ihrer Marketingstrategie"[*] bringt Martin Heubel folgendes Zitat von „Soprasteria": *„Mehr als 95 Prozent der Entscheider in deutschen Unternehmen sind der Meinung, ihre Kunden gut zu kennen. Auf Kundenseite können aber nur 31 Prozent diesen Eindruck bestätigen."* Dies unterstreicht, warum eine kundenorientierte Unternehmung für das Überleben

---

[*] Martin Heubel (2019): Kundenorientierung – Der wichtigste Bestandteil Ihrer Marketingstrategie. URL: https://smartmarketingbreaks.eu/kundenorientierung/. Alle im Buch genannten Internetadressen waren bei Veröffentlichung abrufbar.

deiner Unternehmung so wichtig ist. Wenn du deine Zielgruppe (deine potenziellen Kunden) und deren Bedürfnisse nicht verstehst, wirst du sie nie dazu bringen, dir zu vertrauen. Ein Kunde wird nur bei dir einkaufen, wenn du ihm das Gefühl gibst, verstanden zu werden. Dabei sind, wie Martin Heubel die Unternehmensberatung Deloitte Touche zitiert, „kundenorientierte Unternehmen bis zu 60 % profitabler als ihre nicht am Kunden orientierte Konkurrenz". Bei jeder Entscheidung musst du dir daher stets die Frage stellen, ob deine Zielgruppe positiv oder negativ beeinflusst wird, sprich, welches Kundenerlebnis du deiner Zielgruppe mit dieser Entscheidung zukommen lässt. Um das zu erläutern, gehe ich im nächsten Abschnitt näher auf den Kunden ein.

Definition des Kunden und der Kundenbeziehung

In diesem Absatz werde ich den Kunden vorstellen und zeigen, wie bedeutend es ist, eine Beziehung zu diesem aufzubauen. Dabei ist es wichtig, sich elementare Fragen zu stellen wie: Was schafft für den Kunden Wert? Denn nur, wenn die Bedürfnisse des Kunden bekannt sind, kann Wert geschaffen und eine Lösung implementiert werden, um diese Bedürfnisse zu befriedigen. Der erste Schritt besteht darin zu verstehen, wo der Unterschied zwischen dem Kunden und der Kundenbeziehung liegt und was die beiden Begriffe bedeuten.

Der Kunde – wer ist er?

Karl E. Wiegers beschreibt den Kunden als „eine Einzelperson oder ein Unternehmen, der beziehungsweise das direkten oder indirekten Nutzen aus einem Produkt zieht".[*] In vielen Bereichen ist der Kunde nicht der Nutzer des zu entwickelnden Produkts, sondern derjenige, der die Durchführung eines Projekts beantragt oder den Auftrag zur Entwicklung eines Produktes gibt, weil das Endergebnis oder der Mehrwert für ihn wertvoll ist oder einen Nutzen darstellt. Aus diesem Grund ist er auch bereit, für den Auftrag zu zahlen.

Als Nächstes gehe ich auf die bestimmende Rolle des Kunden ein, um zu beleuchten, warum dieser stets im Mittelpunkt des Geschehens deiner Unternehmung stehen sollte.

Der Regent

„There is only one boss. The customer. And he can fire everybody in the company from the chairman on down, simply by spending his money somewhere else."[**]

Die Botschaft von Sam Waltons Aussage ist, dass der Kunde die wichtigste Person für ein Unternehmen ist. Das Unternehmen ist von ihm abhängig und nicht umgekehrt. Der Kunde ist derjenige, dessen Wünsche vom Unternehmen erfüllt werden müssen. Werden die Kundenwünsche nicht mit dem Ziel der Zufriedenheit des Kunden erfüllt, kann es im schlimmsten Fall dazu kommen, dass der Kunde sich ein anderes Unternehmen aussucht – und abwandert. Das bedeutet für ein Unternehmen Umsatzverlust, denn der Kunde ist Teil des immateriellen

[*]   Karl E. Wiegers (2005): Software Requirements, Microsoft Press, Kap. 2.4.3.1.
[**] Entrepreneur Europe (2021): Sam Walton. URL: https://www.entrepreneur.com/article/197560.

Vermögens des Unternehmens. Ein Kunde dagegen, der zufrieden ist, empfiehlt das Unternehmen weiter und beeinflusst die Kunden(neu)gewinnung. Ein Unternehmen sollte also alles Erdenkliche tun, um eine langfristige Kundenbindung zu gewährleisten. Nach Friedemann W. Nerdinger und Christina Neumann ist Kundenbindung das Resultat von Kundenzufriedenheit.[*] Wie in Kapitel 3.1 erläutert, ist es wichtig dafür zu sorgen, dass der Kunde während der gesamten Beziehungsdauer mit dir ein positives Erlebnis mitnimmt. Im nächsten Absatz werde ich kurz auf die Kundenbeziehung eingehen.

Eine Kundenbeziehung aufbauen – kein leichtes Spiel

Die Herausforderungen, die mit der Digitalisierung einhergehen, sind u. a. ein starker Wettbewerb, ständig wechselnde Anforderungen etc. (siehe Kapitel 7.1). Das von dir entwickelte Produkt kann sehr einfach von Wettbewerbern nachgeahmt werden, wodurch die Differenzierung oder Abgrenzung am Markt erschwert wird. Die Frage, die du dir an dieser Stelle stellen solltest, ist, wie du in dieser Zeit der Digitalisierung Aufmerksamkeit erzielen kannst. Sprich, was muss du als angehender Unternehmer tun, um eine langfristige Kundenbindung oder Kundenbeziehung nicht nur zu erreichen, sondern auch zu erhalten? Die Antwort auf die Frage lautet: Du musst die Grundbedürfnisse jedes Individuums verstehen und deine Unternehmung nach ihm ausrichten (siehe Kapitel 3.1).

---

[*] Friedemann W. Nerdinger, Christina Neumann (2007): Kundenzufriedenheit und Kundenbindung. In: Moser, K. (Hg.): Wirtschaftspsychologie. Springer. URL: file:///C:/Users/ninule/Downloads/9783540716365-c1.pdf.

Aus diesem Grund möchte ich dir zeigen, wie aufwendig es ist, einen Kunden zu gewinnen. Ich empfehle dir, diesen Aufwand zu reduzieren, indem du von Anfang an alle deine Entscheidungen nach dem Kunden ausrichtest. Ich möchte dir dazu eine Kennzahl vorstellen, mit der du den Kundenwert (den Kundengesamtwert oder Customer Lifetime Value, CLV) berechnen kannst. Im Zentrum dieses Modells steht die Pflege und Bewertung profitabler Kundenbeziehungen. Diese beschreibt den durchschnittlichen Gesamtwert, den ein Kunde für ein Unternehmen über die gesamte Lebensspanne der Kundenbeziehung hat. Bei der Berechnung des Kundengesamtwerts werden neben den bereits in der Vergangenheit realisierten Einnahmen auch potenzielle Verkäufe und zukünftige Kundengewinne berücksichtigt, um die Kennzahl zu ermitteln. Man kann beispielsweise davon ausgehen, dass ein höherer Wert über die gesamte Lebensdauer eines Kunden mit einem hohen Marketingbudget einhergeht. Dies kann zu einem relativ hohen Return on Investment (ROI) führen. Bei der Bewertung der Kundenaktivitäten geht es meiner Meinung nach nicht nur darum, ob neue Kunden gewonnen oder bestehende Kunden gehalten werden, sondern vielmehr darum herauszufinden, ob der Customer Value (Kundenwert) erhöht wird, denn letztendlich entscheidet der vom Kunden wahrgenommene Wert darüber, ob er eine (weitere) Transaktion bei dir ausführt. Mit folgender Formel kannst du dein CLV berechnen[*]:

---

[*] Roman Isheim (2018): Customer Lifetime Value.
URL: https://rent-a-marketing-team.de/customer-lifetime-value/.

CLV = Summe T zum Zeitpunkt T_0 × (e_T – a_T) / ((I + i) × T)

Wobei die dargestellten Variablen Folgendes bedeuten:

T = Dauer der Geschäftsbeziehung

e_T = Erwartete Einzahlungen eines einzelnen Kunden

a_T = Kosten, die für die Kundenpflege anfallen

I = Kalkulationszinssatz, der die Dauer der gesamten Kundenbeziehung als Berechnungsgröße nimmt

Achtung Für den gesamten Kundenzyklus werden oft Durchschnittswerte benutzt.

Der Nachteil dieser Kennzahl ist, dass sie auf geschätzten Werten basiert und dass es grundsätzlich sehr schwer ist, im Vorhinein zu bestimmen, wie lange eine Kundenbeziehung oder zukünftige Ein- und Auszahlungsströme andauern werden. Als angehender Unternehmer wirst du zu Beginn Richtwerte benutzen müssen, bis du eine Kaufhistorie definierst. Für diese Methode spricht jedoch die Tatsache, dass so der aktuelle und der zukünftige Wert des Kunden eingeschätzt werden kann. Weiterhin unterstreicht diese Kennzahl die Wichtigkeit der Kundenbetreuung und -pflege sowie deren Kosten. Folgende Fragen können dir erste Denkanstöße geben und dir helfen, die erste Erwartung für den von dir ausgewählten Markt zu verstehen:

► Welches Marktsegment möchte ich mit meiner Idee erreichen?
► Wer ist meine Zielgruppe (potenzielle Kunden)?
► Welches Grundbedürfnis möchte ich befriedigen?
► Was sind die Erwartungen des Kunden in diesem Markt?
► Was kann meine Zielgruppe (potenzielle Kunden) dazu motivieren, bei mir einzukaufen?

Zusammenfassend lässt sich also sagen, dass es viel aufwendiger ist, neue Kunden zu gewinnen, als bestehende zu halten. Aus diesem Grund solltest du deine gesamte Unternehmung danach ausrichten, dass die gesamte Kundenbeziehung als ein positives Erlebnis empfunden wird. Damit stellst du sicher, dass der Kunde von allein, wiederholt, regelmäßig und mit Empfehlungen zurückkommt. Dies impliziert eine Steigerung des Kundenwerts und natürlich eine Verlängerung der Kundenbeziehung.

Wie du sehen kannst, ist die Kundengewinnung ein langer Prozess. Diese Abläufe und Prozesse helfen dir, deine Profitabilitäts- und Umsatzziele nicht nur zu erreichen, sondern sie auch zu erhöhen. Genauso wie Zino Davidoff möchte ich dich am Ende der Vermarktung deines ersten Wertes oder Ergebnisses sagen hören: *„Ich habe kein Marketing gemacht. Ich habe immer nur meine Kunden geliebt."* [*]

Im nächsten Kapitel gehe ich auf wichtige Bausteine ein, deren Implementierung du während deiner Unternehmung beachten solltest, wenn du erfolgreich sein möchtest. Beherzige diese Anweisung und deine Unternehmung wird erste Früchte ernten.

[*] Zitiert nach Martin Heubel (2019), a. a. O.

Das Geheimnis jedes erfolgreichen Unternehmers

Als Erstes gehe ich in diesem Kapitel auf die falschen Glaubenssätze ein, die mich jahrelang davon abgehalten haben, mich selbst zu verwirklichen. Weiterhin werde ich dir fünf Prozessschritte zur Gründung, Führung und Steuerung jeder Unternehmung vorstellen, die meines Erachtens das Geheimnis jeder erfolgreichen Unternehmung sind. Zuletzt gehe ich auf die „detaillierte Wertschaffungskette" ein, die das Zentralthema dieses Buches darstellt.

Falsche Glaubenssätze

Bis vor kurzem glaubte ich, dass man ein Genie oder ein Millionär sein müsse, um eine Unternehmung starten zu können. Ich glaubte, dass ich zu schwach, nicht intelligent genug, zu inkompetent sei, um eine solche Herausforderung zu meistern. Meine falschen oder nicht ausgereiften Glaubenssätze ließen mich all diese Zeit glauben, dass ich erst sehr viel Geld besitzen müsse, um mich überhaupt in dieses kalte Wasser schmeißen zu können, aber da lag ich falsch. Davon überzeugte mich Josh Kaufman mit seinem Buch „Le

Personal MBA".[*] Er hat meine Denkweise verändert und mich eines Besseren belehrt. Heute weiß ich, dass jede Idee einen zum Erfolg führen kann, wenn man eine gute Strategie dafür entwickelt. Um eine Unternehmung starten zu können, benötigt man zwei Sachen:

▶ Problemidentifizierung und
▶ Lösungsfindung (Wertschaffung).

Mehr braucht man dazu nicht. Diese Erkenntnis veränderte meine Sichtweise, mein Mindset und somit meine Welt.

Wenn du wie ich die ganze Zeit davon überzeugt warst, dass du viel Geld benötigst oder ein außergewöhnliches Genie sein musst, um als Unternehmer durchzustarten, bin ich sehr froh, dir heute die fröhliche Nachricht überbringen zu können, dass dies nicht der Fall ist. Falsche oder negative Glaubenssätze werden dich nie dazu ermutigen, deinen Traum zu erfüllen. Negative Glaubenssätze halten dich in dem Glauben gefangen, dass du nicht das Zeug hast, erfolgreich zu werden, dass andere dich oder deine Produkte eher nicht wahrnehmen werden, wenn du versuchen solltest durchzustarten. Diese negativen Gedanken hindern dich daran, den ersten Schritt in die richtige Richtung zu machen, einen Mehrwert in das Leben anderer zu bringen oder einen Beitrag dazu zu leisten. Sie machen dich unglücklich und hindern dich daran, das Richtige zu tun.

Es ist mehr als nur Geld oder Intelligenz notwendig, um eine Unternehmung zu starten. Soziale Kompetenzen, Kommunikationskompetenz, Durchhaltekraft und noch vieles andere. Trenne dich, wie ich, von diesen negativen Glaubenssätzen und glaube endlich an dich. Beweise dir selbst, dass du es kannst, dass du dich übertreffen kannst.

---

[*] Josh Kaufman (2013): Le Personal MBA. Alisio (französische Ausgabe).

Glaube an dich und an dein Können. Ich bin davon überzeugt, dass du alles erreichen kannst, was du dir erträumst.

Manchmal frage ich mich, ob mein Leben eine andere Wendung genommen hätte, wenn ich all dies früher erkannt hätte. Hätte ich dann den gleichen Mut, den gleichen Hunger nach Selbstverwirklichung, dieselbe Reife wie heute gehabt? All diese Fragen und noch viel mehr gehen mir oft durch den Kopf, aber ich habe bis heute keine zufriedenstellende Antwort finden können.

Wenn auch du dich an einem Zeitpunkt in deinem Leben befindest, wo du keine Antwort auf deine Fragen hast, macht das nichts. Du musst die Antworten auch nicht jetzt finden, sie kommen mit der Zeit. Leg einfach los und du wirst sehen, dass du auf deinem Weg die Antworten finden wirst, sie werden sich dir offenbaren. Mache es wie ich und stürze dich ins Abenteuer, warte nicht mehr. Den perfekten Zeitpunkt gab es nie und er wird auch nie kommen. Du wirst immer irgendwelche Gründe finden oder Leute sagen hören, warum du dies oder das nicht machen kannst, warum du mit deiner Unternehmung noch warten sollst, aber höre nicht darauf. Folge wie ich deiner inneren Stimme. Das Schlimmste, was dir passieren kann, ist, dass du fällst oder aus irgendeinem Grunde dein Ziel nicht erreichst. Ist es aber nicht besser zu fallen oder das Ziel nie zu erreichen, als es nie versucht zu haben? Ist es denn nicht viel schlimmer, mit der Reue zu leben, nie etwas unternommen zu haben, um deinen Traum zu leben?

Die fünf Prozessschritte zur Gründung, Führung und Steuerung jeder Unternehmung, die ich dir als Nächstes präsentiere, sollen dir helfen, deine Unternehmung zu planen, aufzubauen und zu steuern. Diese Prozessschritte stellen die gesamte Übersicht einer Unternehmensführung dar, sie zeigen dir alle Bereiche, die zu berücksichtigen sind, um eine Unternehmung erfolgreich führen zu können.

Die fünf Prozessschritte zur Gründung, Führung und Steuerung deiner Unternehmung

Elementar ist, zu verstehen, dass die Entwicklung eines Wertes oder Ergebnisses allein nicht ausreicht, um viel Geld zu verdienen. Nachdem dein Wert geschaffen wurde, musst du einen Weg finden, um deine vordefinierte Zielgruppe auf deine Produkte aufmerksam zu machen, denn keiner wird unbekannte Produkte kaufen. Sprich, wenn deine Zielgruppe von der Existenz deiner Produkte nicht weiß, kann sie sich dafür auch nicht interessieren. Nach dem Verkauf musst du deinen Kunden weiterhin Wert liefern, um ihre Zufriedenheit sicherzustellen. Ein weiterer wichtiger Punkt, um nicht zu sagen der wichtigste, sind deine Finanzen. Diese müssen stets fließen, wenn du deine Unternehmung weiterbetreiben möchtest. In der folgenden Abbildung sind diese fünf Prozessschritte abgebildet.

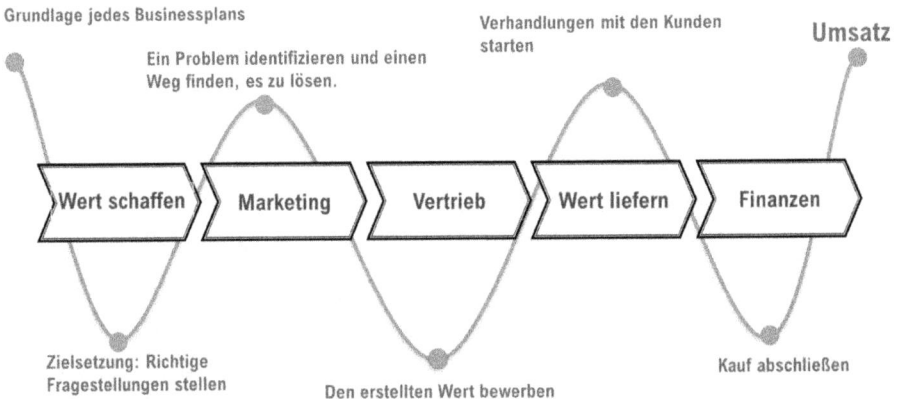

Grundlage jedes Businessplans

Ein Problem identifizieren und einen Weg finden, es zu lösen.

Verhandlungen mit den Kunden starten

Umsatz

Wert schaffen Marketing Vertrieb Wert liefern Finanzen

Zielsetzung: Richtige Fragestellungen stellen

Den erstellten Wert bewerben

Kauf abschließen

Abbildung 1: Die fünf Prozessschritte zur Gründung, Führung und Steuerung eines Unternehmens

Die fünf Prozessschritte haben folgenden Inhalt:

1. **Wert schaffen** Bei der Wertschaffung geht es darum, einen Wert für den Kunden zu erzeugen, nachdem seine Bedürfnisse identifiziert, analysiert und verstanden wurden.
2. **Marketing** Ein wichtiges Ziel des Marketings ist, die Aufmerksamkeit der Zielgruppe auf den erschaffenen Wert oder das Ergebnis, welches im ersten Prozess entstanden ist, zu lenken und so die Nachfrage zu erhöhen.
3. **Vertrieb** Im Vertrieb geht es darum, Kaufverhandlungen mit deiner Zielgruppe zu beginnen und diese von deinem erschaffenen Wert oder Ergebnis zu überzeugen, sodass sie eine Transaktion tätigen.
4. **Wert liefern** Nach Abschluss der Transaktion muss die Zufriedenheit des Kunden sichergestellt werden. Dies wird dadurch gewährleistet, dass dem Kunden stets das geliefert wird, was versprochen wurde.
5. **Finanzen** Ohne Geld kann keine Unternehmung überleben. Aus diesem Grund muss durch den Vertrieb genug Geld verdient werden, um die Unternehmung weiterführen zu können.

Eine Unternehmung ist meines Erachtens ein Prozess, der wiederholt werden kann oder sollte. Demnach können die oben dargestellten Prozessschritte im Laufe einer Unternehmung so lange und so oft wie gewünscht und benötigt wiederholt werden, sprich, bis der erzielte Wert oder das Ergebnis entwickelt, vermarktet, vertrieben und gewartet wurde. Mit der Erläuterung der Prozessschritte möchte ich dir ein klares Bild davon vermitteln, was dir alles noch bevorsteht, wenn du einmal deinen Wert oder dein Ergebnis geschaffen hast. Denn dein Unternehmungsprozess endet nicht mit der Entwicklung deines Wertes oder Ergebnisses, sprich deiner Wertschaffung. Der Prozess muss weitergeführt werden, um das erzielte Ergebnis entweder zu verbessern oder neu zu erschaffen. Sicherlich stellst du dir jetzt die Frage, warum ein Wert oder Ergebnis, das gerade auf den Markt gekommen ist, sofort wieder optimiert werden soll.

In Kapitel 6.4 erkläre ich dir mit dem 3-Horizonte-Modell von Hoffman und Roock, warum es wichtig ist, ein Produkt auf kurze, mittelfristige und lange Sicht zu planen. Du wirst auch erfahren, dass ein erschaffener Wert oder ein Ergebnis eine Lebensdauer hat, und wenn du auf dem Markt nicht untergehen möchtest, darfst du diese Lebensdauer nie aus den Augen verlieren. Vorab müssen Präventivmaßnahmen definiert werden.

Im nächsten Abschnitt möchte ich dir die detaillierte Wertschaffungskette, die dich über den Verlauf dieses Buches begleiten wird, vorstellen.

Die detaillierte Wertschaffungskette

In Abbildung 2 ist die detaillierte Wertschaffungskette figuriert, an der du dich für die Gründung und Führung deiner Unternehmung orientieren kannst. Den Inhalt dieses Buch habe ich nach dem Aufbau der Wertschaffungskette strukturiert. Sie besteht aus zehn Prozessschritten, die dich Schritt für Schritt bis zur Erreichung deines Ziels begleiten werden. **Das Ziel ist, wie du aus Abbildung 2 entnehmen kannst, für deine ausgewählte Zielgruppe ein vermarktbares, „minimal überlebensfähiges Produkt (MVP)" (TPS7) zu erzeugen.**

Selbsterkundung

*TPS1	*TPS2	*TPS3	*TPS3	*TPS4	*TPS5	*TPS7
Wandel unvermeidlich	Vision und Ziele	Motivation	Kundenbedürfnisse herausfinden	Profitabilitäts-analyse	Langfristiges Ziel anstreben	MVP**

*TPS9 Kundenzufriedenheit

*TPS8 Online-Business***

*TPS10 Kommunikation

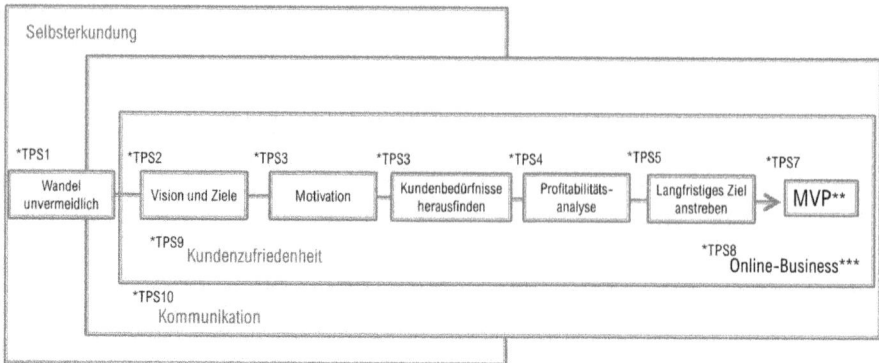

- • * TPS = Teilprozessschritt
- • ** Minimum Value Product/minimal überlebensfähiges Produkt
- • *** Das Online-Business ist optional. Es kann nach der Wertschaffung gestartet werden oder parallel zu dieser.

Abbildung 2: Die zehn Teilprozessschritte (TPS) der detaillierten Wertschaffungskette

Beginnend ab Kapitel 5 werden in jedem Kapitel jeweils ein oder zwei Teilprozessschritte erklärt. Während deines Wertschaffungsprozesses kannst du diese detaillierte Wertschaffungskette Schritt für Schritt umsetzen. Jedoch darfst du nicht vergessen, diese an deine Bedürfnisse anzupassen. Die Teilprozessschritte werde ich im Folgenden kurz vorstellen, bevor sie in den nächsten Kapitel ausführlich beschrieben werden.

1. TPS1: Wandel unvermeidlich
2. TPS2: Vision und Ziel
3. TPS3: Motivation
4. TPS4: Kundenbedürfnisse ermitteln
5. TPS5: Profitabilitätsanalyse
6. TPS6: Langfristiges Ziel anstreben
7. TPS7: Minimum Value Product (MVP)
8. TPS8: Online-Business
9. TPS9: Kundenzufriedenheit
10. TPS10: Kommunikation

Wie im Vorwort beschrieben, war ich damals an einem Punkt in meinem Leben angekommen, an dem ich einfach nicht mehr konnte. Es gab diese eine Situation (die Kündigung), die mich dazu brachte, mein eigenes Ding starten zu wollen – aus dem einfachen Grund, dass ich eine solche emotionale Erniedrigung nie wieder hatte erleben wollte. Diese Situation brachte mich dazu, auf meine innere Stimme zu hören und zu versuchen, mir das Leben aufzubauen, das ich mir immer erträumt hatte.

Auch du hast vielleicht diese eine Situation erlebt, dieses Erlebnis, diese Person etc., die dich dazu ermutigt hat, etwas ändern zu wollen, zu kämpfen, den ersten Schritt in die richtige Richtung, in deine richtige Richtung zu machen. Der Teilprozessschritt 1 (TPS1) stellt genau diese Situation dar. Diese Veränderung muss auch kommuniziert werden (siehe Kapitel 9). Die Kommunikation erfolgt von innen nach außen. Meistens fängt alles mit Selbstgesprächen an. Dabei wird alles Erdenkliche hinterfragt: die Vergangenheit, die Kindheit, die Erziehung, die falsch getroffenen Entscheidungen, die falschen Glaubenssätze, die du dir während deiner Entwicklung zum Erwachsenwerden angeeignet hast. Nur wenn du diesen einen Fehler, diesen einen falschen Glaubenssatz findest, kannst du ihn überschreiben. Diese Erkenntnisphase ist von Mensch zu Mensch unterschiedlich. Wichtig ist nur, dass jeder sich genug Zeit nimmt, um sich mit sich selbst auseinandersetzen zu können. In meiner detaillierten Wertschaffungskette ist die Kommunikation der letzte Teilprozessschritt (TPS10), weil sie eine Aktivität ist, die sich durch die gesamte Wertschaffungskette zieht und nie endet. Der zweite Teilprozessschritt ist „Vision und Ziele" benannt, weil der erste TPS meist mit der Entstehung der Vision endet. Die Vision ist das große Endziel, der lang ersehnte Traum, der erreicht werden soll. Um dieses große Ziel erreichen zu können, muss es in viele kleine Ziele zerlegt werden.

Daraus entsteht eine Art Maßnahmenplan. Er ermöglicht eine klare Übersicht über alle Schritte oder auch Zwischenschritte, die durchlaufen werden, um das eine große Ziel, die Vision, zu erreichen. Nachdem die Vision und die Ziele nun definiert wurden, muss die Motivation (TPS3) hinterfragt werden. Dazu musst du dir die richtigen Fragen stellen. Warum, wieso, weshalb, aus welchem Grund etc. sind Beispiele für Relativpronomen, die dir helfen können, eine Antwort auf die Frage nach dem Grund der Motivation zu finden. Nimm dir genug Zeit für die Beschreibung der Motivation, denn diese ist der Antrieb deiner Unternehmung. Die Motivation entscheidet über deine Ausdauer und vor allem über den Erfolg deiner Unternehmung. Die Motivation (siehe Kapitel 5.2.2, TPS3) gibt dir die nötige Geduld und Ausdauerkraft, um einen langfristigen Erfolg anzustreben. Jeder gute Plan bedarf einer guten, um nicht zu sagen sehr guten Strategieplanung. Wer Wert schaffen will, muss erst einmal die Zielgruppe identifizieren, für die ein Wert oder ein Ergebnis implementiert werden soll. In Kapitel 3 hast du bereits erfahren, dass eine Unternehmung, einfach erklärt, darin besteht, eine Zielgruppe mit einem Problem, das gelöst werden muss, zu identifizieren und für diese identifizierte Zielgruppe einen Wert in Form einer Lösung oder eines Ergebnisses zu entwickeln. Wie und wo du deine Zielgruppe identifizierst, erfährst du in Kapitel 5.2.1. Wer die Bedürfnisse oder Probleme seiner Zielgruppe nicht kennt, kann auch keine Lösung implementieren, die ein Bedürfnis löst. Jeder kann eine Lösung implementieren. Aber ohne die „echten Bedürfnisse" (TPS4) seiner Zielgruppe vorher ermittelt zu haben, läuft man große Gefahr, dass der entwickelte Mehrwert oder das Ergebnis den Bedürfnissen der Zielgruppe nicht entspricht und deshalb nicht von ihr abgenommen wird. Damit tritt logischerweise das Schlimmste ein, was einem Unternehmer widerfahren kann: Es kommt kein Kaufabschluss zustande (siehe Kapitel 5.2.3).

Ab Kapitel 6.1 kannst du alles über die Bedürfnisse des Individuums lesen. In diesem Kapitel lernst du, die Bedürfnisse, die Probleme deiner Zielgruppe kennenzulernen. Erst ein solches klares und tiefes Verständnis der Bedürfnisse deiner Zielgruppe kann gewährleisten, dass der Mehrwert, den du entwickelst oder schaffst, auch von dieser abgenommen wird. Wenn du den Geschmack, die Gefühle, die Probleme und die Sorgen deiner Zielgruppe nicht verstehst, kannst du auch keine brauchbare Lösung, keinen Wert für sie erzeugen.

Nachdem die echten Bedürfnisse des Kunden ermittelt wurden, muss beurteilt werden, ob die ausgewählte Idee wünschenswert, lohnend und realisierbar (TPS5) ist. Um dies zu beurteilen, müssen diverse Aspekte betrachtet werden.

In diesem Buch stelle ich dir zwei Methoden (die Zehnkriterien einer Marktbewertung und die SWOT-Analyse) vor, die in Kapitel 6.3.3 ausführlich präsentiert werden, um zu beurteilen, ob deine Idee lohnenswert und realisierbar ist. Der nächste Punkt, der betrachtet wird, ist die Wertform, die das von dir implementierte Ergebnis annehmen kann (siehe Kapitel 6.4.2.2). Eine Wertform kann ein Produkt oder eine Dienstleistung sein. Ein Produkt wiederum kann materiell (greifbar, wie ein Buch) oder immateriell (nicht greifbar, wie eine Software) sein.

Die langfristige Planung (TPS6) gewährleistet dir genug Puffer für die Qualitätssicherung, was wiederum durch die Abnahme des Kunden bestätigt wird. Dieses Thema wird in Kapitel 6.4 erklärt. Während der Implementierung deines Wertes oder Ergebnisses (TPS7) darfst du die ermittelten Anforderungen deiner Zielgruppe zu keinem Zeitpunkt aus den Augen verlieren. Denn diese sind der entscheidende Faktor, der wirtschaftliche Wert, der potenzielle Kunden dazu bringt, bei dir einen Kauf abzuschließen.

Nachdem dein „minimal lauffähiges Produkt (MVP)" (TPS7) erzeugt wurde, musst du eine Werbekampagne, eine Vertriebsstrategie etc. definieren (siehe Kapitel 4.2). Wie bereits erwähnt, benötigt man mehr als nur einen Prozessschritt, um eine erfolgreiche Unternehmung zu gründen, zu führen und zu steuern. In diesem Buch wird hauptsächlich auf die Wertschaffung eingegangen (siehe Abbildung 3).

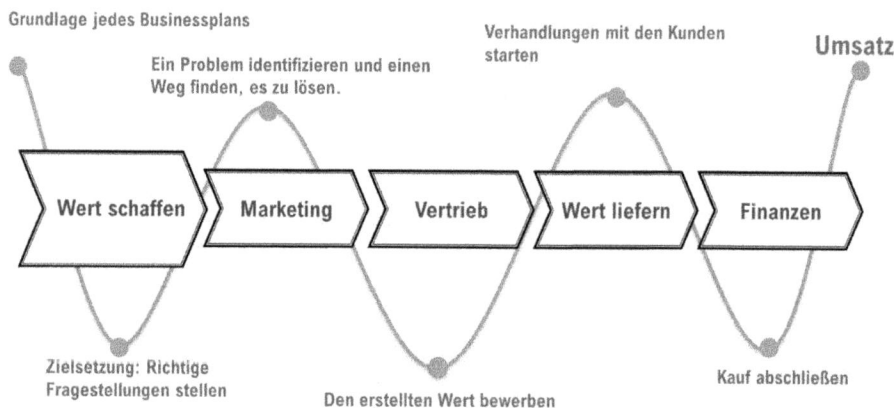

Grundlage jedes Businessplans

Ein Problem identifizieren und einen Weg finden, es zu lösen.

Verhandlungen mit den Kunden starten

Umsatz

Wert schaffen   Marketing   Vertrieb   Wert liefern   Finanzen

Zielsetzung: Richtige Fragestellungen stellen

Den erstellten Wert bewerben

Kauf abschließen

Abbildung 3: Eingliederung des Themas des Buches in die fünf Prozessschritte zur Gründung, Führung und Steuerung jedes Unternehmens

Dieses Gesamtbild solltest du beherzigen. Es muss dir klar sein, dass jeder dieser Prozessschritte für den Erfolg deiner Unternehmung nicht nur lebensnotwendig ist, sondern diese Prozessschritte müssen detailliert bearbeitet und angewendet werden. Sie sollten der Grundbaustein deiner Unternehmung werden und dich auf deinem Weg stets begleiten. Lässt du einen dieser Prozessschritte aus, wird deine Unternehmung scheitern.

Die detaillierte Wertschaffungskette wird in den folgenden Kapiteln beschrieben. Zusammen mit jedem Teilprozessschritt nenne ich dir Aktivitäten oder Handlungsempfehlungen, die du sofort umsetzen kannst. Diese Handlungsempfehlungen sind so strukturiert, dass du allein durch deren Befolgung am Ende den minimal vermarktbaren Wert für deine potenzielle Kundengruppe erreichst, der die Basis für deine Unternehmung darstellt. Der erste Durchlauf muss nicht perfekt sein, nur ausreichend oder gut genug sein, damit du deine Unternehmung beginnen kannst. Diesen Prozess kannst du iterativ anwenden, um dein Ergebnis oder deine Unternehmung mit der Zeit zu optimieren oder auch reifen zu lassen. Mit diesem Prozess bekommst du einen strukturierten Arbeitsvorschlag, der dir ermöglicht, eine an den echten Bedürfnissen deiner Zielgruppe ausgerichtete Unternehmung zu starten. Ich empfehle dir, deinen erschaffenen Wert auch online zu vermarkten. Im heutigen Zeitalter der Digitalisierung rate ich jedem, ein Online-Business (TPS8) zu starten, um die Gewinne zu maximieren. TPS9 thematisiert das Thema der Kundenzufriedenheit. Hier geht es darum, den richtigen Wert oder das Ergebnis zur richtigen Zeit am richtigen Ort in der richtigen Qualität dem richtigen Kunden zu den richtigen Kosten zur Verfügung zu stellen. Der letzte und zehnte Teilprozessschritt wurde bereits oben erläutert.

Der erste Teilprozessschritt (PS1) „Vision und Ziel" wird im Weiteren als Erstes beschrieben. Hier geht es vorwiegend darum, dass du dich auf deine Aktivitäten als angehender Unternehmer vorbereitest. In diesem Kapitel wirst du dich mit einigen grundlegenden Fragestellungen auseinandersetzen.

Wie du dich am besten auf deine Unternehmung vorbereiten kannst

In diesem Kapitel gehe ich auf einige elementare Grundbausteine ein, die dir helfen sollen, die richtige Orientierung, den richtigen Baustein für deine Unternehmung bereits zu Beginn zu finden. Wichtig ist, während dieser Phase die Zielgruppe, für die du deinen Wert oder dein Ergebnis erzeugen möchtest, nicht aus den Augen zu verlieren, weil sie deine potenziellen Kunden darstellt. Sie entscheidet über den Erfolg deiner Unternehmung (siehe Kapitel 6.4). Einfach ausgedrückt, ist der Kunde in der Welt der Unternehmung mit der Figur des Königs beim Schach vergleichbar. Alles dreht sich um ihn, weil letztendlich diese Figur darüber entscheidet, ob man gewinnt oder verliert. Aus diesem Grund sollte man ihn nie aus dem Blick verlieren und eher versuchen, seine Anforderungen, Erwartungen und Bedürfnisse zu verstehen und seine Unternehmungsstrategie und Ziele nach ihm auszurichten.

Mit dem Fokus auf dem Kunden gewährleistest du, dass dein entwickeltes Ergebnis oder der Wert stets seine Bedürfnisse befriedigt, oder anders ausgedrückt, dass sie stets einen Mehrwert für den Kunden darstellen. Weiterhin solltest du als angehender oder junger Unternehmer deine Motivation, deinen „Antrieb" nie aus den Augen verlieren, denn diese ist vergleichbar mit dem

Kraftstoff beim Auto. Ohne Kraftstoff kann ein Auto weder gestartet noch gefahren werden. Damit dieser nie zu Ende geht, solltest du für deine Reise einen Kraftstoff auswählen, der sich von allein automatisch erneuert. Motivation ist eine unsichtbare Kraft, die einen stets mit neuer Energie erfüllt, wenn alles aussichtslos zu sein scheint. Alles beginnt jedoch mit einem selbst, nach dem Motto: „Beginne dort, wo du stehst." Im nächsten Abschnitt geht es daher darum, sich selbst kennenzulernen. Nur so kannst du herausfinden, worin du wirklich gut bist, denn in diesem Bereich wirst du deine Unternehmung aufbauen. Meines Erachtens sind die erfolgreichsten Menschen diejenigen, die es geschafft haben, ihre Leidenschaft in eine Unternehmung umzuwandeln. Genau das möchte ich für dich: deinen Erfolg.

Definiere dich selbst

Im ersten Prozessschritt (TPS1) der detaillierten Wertschaffungskette (siehe Abbildung 4) durchläufst du eine unvermeidbare Wandlung. Diese Veränderung beeinflusst alle deine Lebensbereiche. Es beginnt, wie oben beschrieben, mit einer Situation, einer Person etc., die dich so emotional verletzt, enttäuscht oder überfordert hat, dass du keinen anderen Weg siehst, als all das bisher Erlebte hinter dir zu lassen. In der Theorie klingt das sehr einfach und schmerzlos, aber wenn du, wie ich, diese Erfahrung schon einmal gemacht hast, weißt du, dass es alles andere als schmerzlos ist. Du hinterfragst während dieser dunklen Lebensphase deine Identität, deinen Lebenssinn, einfach alles. Du stellst dir Fragen wie: Warum wurde ich überhaupt geboren? Wieso wurde ich gerade in dieser Welt, diesem Jahrhundert, dieser Familie, diesem Körper geboren? Wieso wurde ich nicht in einer reicheren oder zielstrebigeren, bekannteren Umgebung erzeugt?

Wahrscheinlich werde ich nie die richtigen Worte finden, um mein eigenes Erlebnis zu beschreiben, das mich dazu brachte, einen Änderungsprozess zu beginnen, aber zum Glück ist dies auch nicht das Ziel dieses Buches. Wichtig für uns ist die emotionale Veränderung, die du dabei durchläufst (siehe Kapitel 6.2.2); deine veränderte Denkweise ist alles, was zählt.

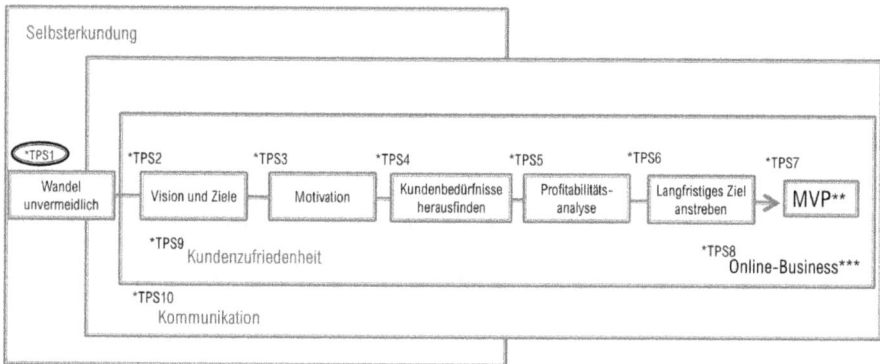

- * TPS = Teilprozessschritt
- ** Minimum Value Product/minimal überlebensfähiges Produkt
- *** Das Online-Business ist optional. Es kann nach der Wertschaffung gestartet werden oder parallel zu dieser.

Abbildung 4: Der unvermeidliche Wandel (TPS1)

Das Mindset, deine Denkweise, ist das A und O deiner Unternehmung. Du musst an dich, deine Träume, Vision und Ziele glauben. Wenn du es nicht tust, wird keiner es tun. Aus diesem Grund werde ich dir ein paar elementare Fragen stellen, mit denen du deine Vision nicht nur definierst, sondern auch das richtige Mindset aufbaust. Wir leben in einer Welt, wo jeder den Fokus auf die Mängel legt. Alle sagen dir stets, was sie nicht haben oder können. Dabei vergessen sie, gründlich darüber nachzudenken, was sie wirklich in ihrem Leben oder aus ihrem Leben machen wollen. Leider nehmen sich die meisten von uns sehr wenig Zeit, um sich mit solchen Fragen auseinanderzusetzen. Wir sind im Wirbelsturm unserer täglichen Routine so gefangen, dass wir uns einfach nicht die Zeit einräumen, darüber nachzudenken. Jeder weiß, zumindest meistens, was er nicht will oder machen möchte. Jedoch machen sich die wenigsten Gedanken darüber, was sie wirklich wollen. An dieser Stelle frage ich dich: *Was willst du wirklich? Was sind deine Träume?* Schreibe es auf. Sei dabei präzise und klar. Höre auf, alles zu akzeptieren, was dir widerfährt, und fange an, dein Leben aufzubauen, indem du klar und deutlich darlegst, was du willst. Du kannst nicht hoffen, etwas zu bekommen, wenn du nicht einmal weißt, was du wirklich willst. Mache eine Liste, in der du alle deine Erwartungen aufführst, und priorisiere sie.

Mache dir Gedanken über deine Stärken, deine Schwächen, deine Leistung etc. Denke nicht nur über deine Arbeitsweise nach, sondern definiere auch deine Werte und Prinzipien und schreibe sie auf. Weiterhin ist es wichtig, die Umgebung zu definieren, in der du am kreativsten bist, und sie auszuschöpfen, damit du während der Umsetzung deiner Wertschaffung den höchstmöglichen Wert für deine Zielgruppe und deine Unternehmung kreierst. Du musst dir Fragen stellen, um herauszufinden, wo deine Kernkompetenzen liegen, also das, was nur du wirklich sehr gut kannst. Nur durch die richtigen Fragen kannst du deinen perfekten Weg identifizieren. Um eine Unternehmung erfolgreich führen zu können, muss du erst einmal lernen, dich selbst zu managen. Du musst aus dir herauskommen und dich weiterentwickeln, bis du an dem Punkt ankommst, an dem du die beste Leistung für dich, deine Unternehmung und die Menschen um dich herum erbringen kannst. Selbstentwicklung bedeutet zu wissen, wann du mit etwas anfangen, nach etwas anderem suchen oder es ganz aufgeben solltest. Hier sind weitere grundlegende Fragen:

▶ **Die Frage nach deinen Stärken** Kennst du deine Stärken? Wenn ich dich bitten würde, mir fünf deiner Stärken aufzulisten, wärst du dazu in der Lage? Ich persönlich kann dir meistens nur die Sachen auflisten, die ich nicht kann und die mir von anderen so oft vorgehalten wurden, dass sie sich in mein Gehirn eingeprägt haben: „Du kannst dies nicht, du kannst das nicht, du bist nicht, du wirst nie…" Ich habe mein ganzes Leben lang mein Selbstbild auf solchen negativen Aussagen aufgebaut, bis ich eines Tages verstand, dass keiner dieser Menschen mich wirklich kannte oder kennt. Aus diesem Grund konnten ihre Aussagen zu meiner Person nicht richtig sein. Es war auch der Zeitpunkt, an dem ich mich entschied, mein „inneres Ich" selbst neu zu definieren. Es wurde mir damals nämlich klar, dass ich die einzige Person bin, die mich kennt und wirklich versteht. Aus diesem Grund konnte nur ich meine Stärken, meine Leistungen und mein Können definieren.

Ich spreche dieses Thema an, weil ich möchte, dass du alle Vorurteile, die jemals irgendjemand über dich geäußert hat, hinter dir lässt. Ab heute sind sie wertlos, weil wir „Nein" zu diesen Aussagen sagen. Es ist an der Zeit, dich „neu zu definieren". Erfinde dich neu und lasse nie wieder irgendwen anderen deine Fähigkeiten oder dein Können bestimmen. Keiner soll je wieder die Macht haben, dich und deine Fähigkeiten herunterzumachen. Nur du allein bist der Herr über dein Leben.

Lege dich hin, schließe deine Augen. Achte darauf, dass alles um dich herum leise ist. Achte auf deine Atmung. Achte darauf, wie du ein- und ausatmest. Versuche dich an deine Kindheit und deine Jungend zu erinnern. Was hat dir damals so viel Spaß bereitet? Was hast du damals stundenlang machen können, ohne müde zu werden? War es Tanzen, Singen, Sport, Backen, Schreiben, Zeichnen? Versuche dich an diese Momente zu erinnern, in denen du sorglos

und glücklich warst. Woran lag es? Wer, was, welche Situation etc.
war der Auslöser? Deine Stärken sollten dir klar sein, bevor du dein
Ziel festlegst, bevor du deiner Unternehmung eine Richtung gibst.
Deine Stärken werden dir zum Erfolg verhelfen und dein Business
jeden Tag ein Stück weiterbringen.

Während deiner Analyse können Rückmeldungen anderer dir weitere
Denkanstöße geben. Frage deine Kollegen, deine Freunde, deine Fa-
milie etc., wie sie dich einschätzen. Bitte sie um ein direktes und ehr-
liches Feedback. Sie sollen darauf achten, Fakten zu nennen. Schreibe
alle diese Aussagen auf. Halte nicht alles, was du hörst, sofort für wahr,
sondern nimm dir genug Zeit für die Analyse vom dem was gesagt wor-
den ist, bevor du den nächsten Schritt einschlägst.

Eine weitere Methode, wie du deine Stärken herausfinden kannst,
ist, deine Ziele und deine Erwartungen in Bezug auf diese Stärken
aufzuschreiben. Lege für jedes Ziel Zwischenergebnisse fest und
mache nach beispielsweise zwei Wochen eine Auswertung: Was
war geplant? Welches Enddatum hattest du für die Erreichung
festgelegt und was hast du bis jetzt erreicht? Notiere dir die Abweichungen und finde die Gründe heraus, die dich davon abgehalten
haben, dein Ziel eventuell nicht so gut erreicht zu haben wie zunächst festgelegt oder sogar gar nicht. Schreibe dir anschließend
Verbesserungsmaßnahmen auf, also was du machen kannst, damit
du deine nächsten Ziele besser erreichst. Diese Prozedur kannst du
beliebig wiederholen und so deine Schwächen und zugleich deine Stärken aufdecken. Schwächen sind die Sachen, die du falsch
machst oder gar nicht machst, die dich davon abhalten, dein volles
Potenzial auszuschöpfen. Weiterhin wirst du dadurch auch die Bereiche kennenlernen, die dir gar nicht liegen. Nach dieser Analyse
solltest du deine Unternehmung nach deinen Stärken orientieren
und weiterhin daran arbeiten, deine Schwächen zu verbessern.

In Kapitel 5.2 gehe ich noch einmal auf dieses Thema ein und zeige dir weitere Methoden, mit deren Hilfe du deine Stärken und dein volles Potenzial ausschöpfen kannst.

► **Die Frage nach deinen Leistungen** Hier geht es darum herauszufinden, wie du die beste Leistung erbringst. Dazu ist es sehr wichtig, dass du deine Arbeitsweise vorab definierst. Frage dich: Was für einen Eindruck vermittle ich? Wie arbeite ich am besten? Viele Menschen wissen nicht, dass die Ursache ihrer schlechten Leistungen oft darin liegt, dass sie ihre Fähigkeiten nicht kennen. Viele versuchen andere nachzumachen und wundern sich, dass etwas nicht funktioniert oder dass die erbrachte Leistung nie dasselbe Ergebnis hervorbringt. Nimm ein Blatt Papier und schreibe Folgendes darauf: „Wie und wo arbeite ich am besten? Wie und wo erbringe ich die besten Leistungen?" Die Arbeitsweise sagt oft viel über eine Person aus. Viele erbringen die besten Leistungen, wenn sie auf Gebieten arbeiten, die mit ihrer Leidenschaft in Einklang sind. Wenn du also dein Talent unter den besten Arbeitsbedingungen ausübst, erhältst du eine höhere, andauernde und qualitativ hochwertige Leistung. Beispielsweise wissen viele Menschen nicht, welcher Lernstil am besten zu ihnen passt. Man unterscheidet hier zwischen Zuhörern und Lesern. Ein Leser wird sich beispielsweise während der Vorlesung mehr Notizen machen als ein Zuhörer. Und andersherum wird ein Zuhörer sich mehr auf das Gesagte, Bilder, die Gesten des Vortägers etc. konzentrieren, um sich alles besser merken zu können. Der Leser wird sich das zu Lernende nicht nur mehrmals aufschreiben, sondern es gleichzeitig so lange wiederholen, bis er es beherrscht. Lerne dich selbst kennen. Bist du ein Leser oder ein Zuhörer? Arbeitest du gerne mit anderen zusammen oder bist du eher ein Einzelgänger? Bist du derjenige, der den Ton angibt, oder eher der, der Befehle umsetzt?

- **Die Frage nach deinen Werten** Hier geht es darum zu definieren, welche Art von Mensch du sein möchtest. Wenn du dich im Spiegel anschaust, wen siehst du? Was würdest du gerne an dieser Person ändern? Was würdest du so lassen, wie es ist? Was gefällt dir an ihr? Wo gehört diese Person, die du im Spiegel siehst, hin? Deine Stärken, Leistungen und Werte sollen dich dazu bringen, herauszufinden, wo du hingehörst, welche Bereiche dir liegen. Stelle dir weiterhin folgende Fragen: Wo habe ich am meisten Spaß und wo kann ich mich so richtig entfalten? Welcher Bereich gibt mir das Gefühl, frei und vollkommen zu sein? Welche Tätigkeit kann ich stundenlang, tagelang ausüben, ohne Müdigkeit zu spüren? Welche Tätigkeit gibt mir das Gefühl, dass ich im Leben angekommen bin, dass ich genau das mache, wofür ich geboren wurde?
- **Die Frage nach deinem Sinn im Leben** Wer Wert schaffen möchte, muss sich die Frage nach seinem Beitrag in dieser Welt stellen. Wie kannst du dein Können so einsetzen, dass es anderen hilft? Doch geht es hier in erster Linie nicht darum, anderen Menschen zu helfen, sondern eine Tätigkeit zu finden, die dich erfüllt. Nur dann kannst du einen qualitativen Wert für dich, dein Umfeld und die Welt schaffen. Dein Beitrag soll positive Veränderungen in dein und das Leben anderer bringen. Dabei ist es immer wichtig und effektiver, sich ein Ziel zu setzen mit einem Anfangs- und einem Enddatum. Weiterhin ist es wichtig, sich folgende Fragen bei der Definition des Ziels zu stellen:
  - Was ist das Ziel, das ich mit dem jetzigen Ziel erreichen möchte, also das Ziel hinter dem Ziel?
  - Warum habe ich mir gerade dieses Ziel gesetzt, sprich, wofür ist mein festgelegtes Ziel gut?
  - Was kann mir signalisieren, dass mein Ziel erreicht ist?
  - Welches Anfangs- und welches Enddatum ist realistisch?
  - Welche Ressourcen würden mir die Arbeit vereinfachen?

- Welche positive Veränderung wird sich zeigen, wenn das Ziel einmal erreicht ist? Wie wird es sich auswirken?

Diesen Abschnitt finde ich sehr wichtig, denn wer einen Wert für andere schaffen möchte, muss sich erst mal auf die Suche nach seinem inneren Sinn machen. Hier geht es vor allem um das eigene Lebenskonzept. Es ist wichtig, auf die Frage zu antworten, wie dein Leben sich eigentlich entwickeln soll, damit du an dessen Ende nichts bereust. Was muss dafür getan oder geschaffen werden? Basierend darauf, kannst du Lebensaufgaben ableiten. Es müssen nicht viele sein, vier bis fünf große Punkte reichen. Das Buch „The Big Five for life"* von John Strelecky kann dir bei der Definition deiner Lebensziele oder, wie er diese in seinem Buch nennt: „The Big Five", eine große Hilfe sein. Folgende Fragen können dir dabei helfen:

▶ Was ist meine Vision?
▶ Wo stehe ich jetzt?
▶ Wo möchte ich hin?
▶ Wie komme ich dorthin?
▶ Welche Ressourcen habe ich? Welche brauche ich?
▶ Wie kann ein möglicher Plan aussehen?

Anhand dieser Fragen kannst du vier bis fünf Ziele definieren, einen Plan aufstellen und Maßnahmen zur Erreichung dieser Ziele festlegen. Aus den Maßnahmen können wiederum kleine Aktivitäten abgeleitet werden, die ausgeführt werden. Pläne sind deshalb sehr wichtig, weil sie den Weg zum Ziel zeigen. Sie helfen dir, das Ziel nicht aus den Augen zu verlieren. Außerdem kannst du mit ihnen den Fortschritt deiner Aktivitäten überprüfen.

---

* John Strelecky (2009): The Big Five for Life – Was wirklich zählt im Leben. Dtv.

Zusammenfassend lässt sich Folgendes über eine Unternehmung sagen: Es gibt immer ein Problem, das gelöst werden muss, um einen Mehrwert zu schaffen. Der Mehrwert ist ein wahrgenommener Nutzen. Der Mehrwert, den du schaffst, ist dein Ergebnis, also das Ziel, das erreicht werden muss. Um dieses Ziel zu erreichen, benötigst du Ressourcen, die dir bei der Zielerreichung oder Lösungsentwicklung helfen. Wichtig ist an dieser Stelle zu erwähnen, dass die meiste Energie nicht in die Lösungsentwicklung investiert werden sollte, sondern in die Problemanalyse, diese braucht sehr viel Zeit. Wenn du deinen Weg klar definiert hast, kannst du leichter „Nein" zu Sachen sagen, die dich nicht ans Ziel führen. Dein Ziel ist immer, Wert für deine Kunden zu schaffen. Vergiss es nicht! Alle Aktivitäten sollten dir helfen, dieses festgelegte Ziel zu erreichen. Aus diesem Grund wird im nächsten Absatz auf die Zielsetzung und die Motivation eingegangen

Zielsetzung und Motivation

Thema dieses Abschnittes sind die Zielsetzung und die Motivation (TPS2 und TPS3). Die Zielsetzung wird in Kapitel 5.2.1 und die Motivation in Kapitel 5.2.2 beschrieben.

Definition des Ziels – Was will ich erreichen?

Im vorherigen Kapitel habe ich dir empfohlen, deine Unternehmung in einem Bereich aufzubauen, der mit deinen Stärken in Einklang steht. Ich habe dir bereits einige Fragen vorgestellt, mit denen du deine Stärken herausfinden kannst. In diesem Unterkapitel geht es darum, für deine Stärken das richtige Themengebiet zu identifizieren, indem du deine Ziele (siehe Abbildung 5) und somit deine Unternehmung aufbauen kannst.

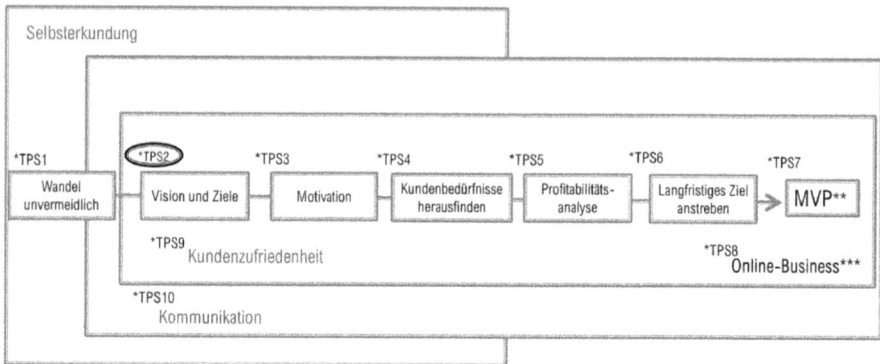

- * TPS = Teilprozessschritt
- ** Minimum Value Product/minimal überlebensfähiges Produkt
- *** Das Online-Business ist optional. Es kann nach der Wertschaffung gestartet werden oder parallel zu dieser.

Abbildung 5: Vision und Ziele (TPS2)

Gezielte Fragen können dir helfen, ein Themengebiet zu finden. Du wirst jedoch auf Anhieb keine zufriedenstellende und perfekte Antwort finden, sondern deine Ideen erst nach und nach ausbauen müssen. Am Ende wirst du alle aufgeschriebenen Ideen priorisieren müssen, die beste Idee auswählen und diese als dein erstes zu erreichendes Ziel festlegen. Bei der Zielformulierung solltest du darauf achten, dass sie klar und konkret ist. Für die Formulierung deiner Ziele kannst du folgende Hinweise verwenden, die im Weiteren genauer erläutert werden:

- ▶ Achte auf den zu erzielenden Nutzen.
- ▶ Achte auf eine positive Formulierung.
- ▶ Formuliere deine Ziele so einfach wie möglich.
- ▶ Die Ziele müssen klar und konkret sein.

- Formuliere messbare Ziele, an denen dein Fortschritt kontrolliert werden kann, denn wenn deine Ziele nicht gemessen werden können, kannst du sie auch nicht steuern oder beeinflussen.
- Formuliere deine Ziele so, dass sie für dich attraktiv sind, denn du musst sie akzeptieren.
- Achte darauf, dass deine Ziele realistisch für dich sind, sodass du sie einfach erreichen kannst.
- Gib jedem deiner Ziele ein Anfangs- und ein Enddatum. Die Zeitangabe hilft dir, dich besser zu organisieren.
- Deine Ziele müssen an deine jetzige Lage angepasst werden. Du musst mit ihren Auswirkungen klarkommen. Mache lieber kleine und sichere Schritte als große und unübersichtliche.

Nach der Ideenfindung wirst du eine Zielgruppe identifizieren müssen und darauf basierend eine Persona, die stellvertretend für deine Zielgruppe ist, konzipieren. Im nächsten Abschnitt werde ich dir eine Technik präsentieren, mit der du die Bereiche identifizieren kannst, die dir am besten liegen und die dir gezielt ermöglichen, die richtigen Fragen zu generieren. Unter dem „richtigen Bereich" verstehe ich den Bereich, der etwas mit deiner Leidenschaft zu tun hat und der dir Spaß bereitet. Warum das Thema Leidenschaft für die Führung einer erfolgreichen Unternehmung so wichtig ist, wird in Kapitel 5.2.2.1 näher beschrieben.

Brainstorming: Die richtigen Fragen zur Ideenfindung stellen

Das Brainstorming ist eine Technik oder auch ein Verfahren, das dir ermöglicht, spontan und zunächst einmal ohne Bewertung Ideen zu sammeln. Dabei geht es einfach darum, alles, was dir zu einem spezifischen Thema einfällt, aufzuschreiben. Online gibt es zahlreiche kostenlose Software, die du für dein Brainstorming benutzen kannst. Wenn du aus irgendeinem Grund keine Software benutzen magst, kannst du einfach ein Blatt Papier zur Hand nehmen und drauflosschreiben. In Abbildung 6 habe ich dir ein Beispiel mit PowerPoint erstellt, das dir bei der Erstellung deines Konzepts hilfreich sein kann.

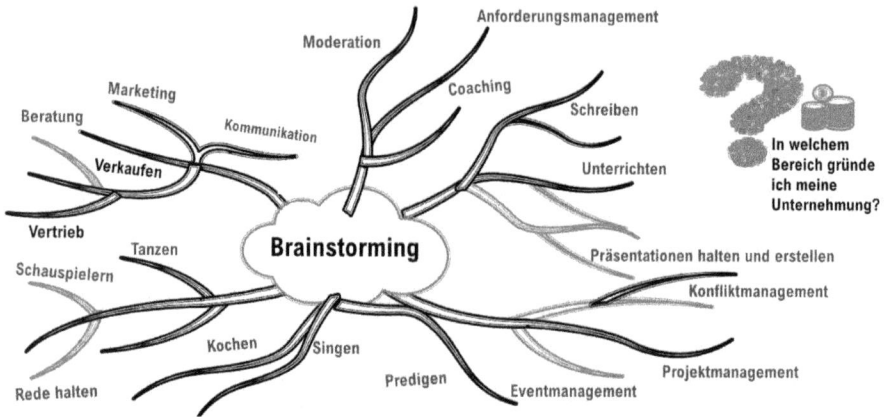

Abbildung 6: Beispiel eines Brainstormings als Hilfestellung für deine Ideenfindung

Nachdem du alle Ideen aufgeschrieben hast, musst du sie im nächsten Schritt priorisieren. Anschließend musst du gezielt Fragen zu deinem priorisierten Themenbereich erstellen und beantworten. Dein Umfeld, deine Freunde und deine Familienangehörigen können dir sowohl beim Brainstorming, bei der Definition der Fragen als auch bei deren Beantwortung helfen. Folgende Fragen gingen mir beispielsweise damals durch den Kopf:

▶ Wer bin ich?

▶ Welche Themen interessieren mich wirklich?

▶ Was treibt mich an bzw. welche Themen wecken meine Leidenschaft?

- Was sind meine Fähigkeiten?
- Wo stehe ich? Wo will ich hin?
- Wie gut bin ich informiert? Welchen Wissensstand habe ich zum jetzigen Zeitpunkt?
- Was habe ich bis heute alles gemeistert?
- Welchem Bereich würden mich mein Umfeld, meine Freunde und meine Familie zuordnen?
- Was würde mein Umfeld antworten, wenn man es nach meinen Stärken und Schwächen befragte?
- Was will ich und was will ich erreichen?
- Wo sehe ich mich in einem, zwei, vier, zehn Jahren?
- Was würde ich am Ende meines Lebens bereuen nicht getan zu haben?
- In welchem Gebiet berate ich bereits jetzt mein Umfeld?

Diese Fragen haben mir geholfen, eine große Menge an Ideen zu generieren. Tiefere Recherchen und Analysen haben mich dazu gebracht, meine Ideen zu detaillieren und zu konzeptualisieren. Durch diese Granularität habe ich meine Unternehmungsidee nach ein paar Wiederholungen oder Iterationen identifiziert.

Ziel ist es, dass du durch die Beantwortung dieser Fragen profitable Ideen findest. Die Betonung liegt hier auf dem Wort „profitabel", denn nicht jede Idee, die du identifizieren wirst, wird Kunden anziehen.

Die oben aufgelisteten Fragen sind nicht die einzigen, die du dir stellen wirst, es werden im Laufe deiner Reise weitere Fragen aufkommen. Nachdem du auf die Frage „Was will ich und was will ich erreichen?" beantwortet hast, muss du auch Antworten auf folgende Fragen finden:

- **Zielgruppe** Für welche Zielgruppe möchte ich Wert schaffen?

- ▶ **Wert** Welches Bedürfnis dieser Zielgruppe wartet darauf, befriedigt zu werden?
- ▶ **Bedürfnis** Welches Bedürfnis ist noch nicht ausreichend befriedigt?
- ▶ **Aufmerksamkeit** Wie kann ich die Aufmerksamkeit meiner Zielgruppe gewinnen?
- ▶ **Kundenzufriedenheit** Wie kann ich am besten die Zufriedenheit meiner ausgewählten Zielgruppe sicherstellen und die Beziehung zu ihr langfristig aufrechterhalten? Wie erreiche ich, dass diese Zielgruppe so befriedigt wird, dass sie von allein auf mich zukommt?

Eins ist sicher: Diese Fragen und vieles mehr werden dich im Laufe deiner Reise als Unternehmer begleiten und es werden mehr werden. Versuche nicht, sie loszuwerden oder zu ignorieren, das wäre ein Fehler. Versuche sie stattdessen peu à peu zu beantworten, denn sie werden längerfristig zu einer Art Wegweiser und Mentor für dich werden. Indem du sie beantwortest, wird dein Weg sich immer deutlicher herauskristallisieren. Was du noch alles bei der Identifizierung deiner Zielgruppe beachten musst, wird im Weiteren beschrieben.

Identifiziere die passende Zielgruppe

Es ist für den Erfolg deiner Unternehmung lebensnotwendig, die geeignete Zielgruppe zu identifizieren. Am besten findest du sie, indem du durch das Brainstorming und die gezielten Fragen gefundenen Themenbereichen alle Zielgruppen aufschreibst, die dir spontan dazu einfallen. Bei der Analyse deiner Zielgruppe musst du den Fokus auf die Nachfrage legen. Hier ist zu fragen: Welche Nachfrage gibt es? Welche Themen sind momentan im Trend und bedürfen meiner Aufmerksamkeit? Mit welchen Problemen kämpft meine Zielgruppe gerade? Wenn du mit deiner Zielgruppe eher Jugendliche ansprechen möchtest, kannst du sie in sozialen Netzwerken wie Snapchat, TikTok etc. finden. Angehende Erwachsene und Erwachsene findest du zum Beispiel auf Facebook. Wenn deine Angebote auf den Businessbereich zugeschnitten sind, kannst du deine Zielgruppe auf LinkedIn, Xing etc. ausfindig machen. Weiterhin kannst du auf dem Markt nach Unternehmen, Personen und Gruppen suchen, die deine Produkte oder ähnliche anbieten, und sie beobachten. Anhand der Beobachtungen kannst du neue Ideen für deine Unternehmung und weitere potenzielle Zielgruppen identifizieren, indem du dir gezielt ihre Käufer anschaust. Ein weiterer wichtiger Punkt ist die gründliche Analyse deiner Zielgruppe. Du musst herausfinden, welche identifizierte Zielgruppe online aktiv ist. Es gibt auch Zielgruppen, wie beispielsweise Senioren, die du sehr schlecht über ein Online-Business erreichen wirst. Besonders beim Aufbau eines Online-Business (siehe Kapitel 7) ist es wichtig sicherzustellen, dass deine Zielgruppe sich auch dort befindet, sprich online ist.

Um meine ausgewählte Zielgruppe genau zu identifizieren und um sie besser kennenzulernen, habe ich damals eine Persona erstellt. Welche Möglichkeiten du nutzen kannst, um deine Zielgruppe besser kennenzulernen, zeige ich dir als Nächstes.

Eine Persona stellvertretend für deine Zielgruppe erstellen

Eine Persona ist eine Stellvertreterin deiner ausgewählten Zielgruppe. Es kann eine reale oder eine fiktive Person sein, die bestimmte Charakterzüge und Interessen deiner potenziellen Zielgruppe vertritt. Sie soll dir helfen, deine Zielgruppe besser zu visualisieren. Je mehr Informationen du über deine Zielgruppe hast, desto leichter und effektiver kannst du ihre Bedürfnisse verstehen und eine Lösung dafür entwickeln. Um deine Zielgruppe besser kennenzulernen, kannst du Facebook-Gruppen beitreten und dort Diskussionen und Kommentare verfolgen und filtern. Das Lesen von Amazon-Rezensionen ist auch ein Weg, deiner Zielgruppe näherzukommen. Sammle deren Feedbacks und analysiere sie. So kannst du die Themen ausfindig machen, die sie momentan interessieren. Darauf basierend kannst du eine Persona, die diese Zielgruppe vertritt, erstellen. Diese Persona soll dir helfen, die Produkte für deine Unternehmung zu erzeugen. Deine Produkte solltest du für diese Zielgruppe entwickeln. Sie ist dein idealer Kunde. Definiere ihr Alter, ihr Geschlecht, ihren Beruf etc. Erweitere ihre demografischen Daten um beobachtete Informationen, die zum Beispiel durch folgende Fragen erhoben werden:

▶ Auf welcher Seite kannst du die Persona online finden?
▶ Welche Seiten besucht sie regelmäßig?
▶ Was für Magazine liest sie, was für Fernsehsendungen verfolgt sie?
▶ Was für Träume und Wünsche hat diese Persona?
▶ Wonach strebt sie? Was ist ihre Vision, ihr größtes Ziel?
▶ Hat deine Persona Ängste und Sorgen?
▶ Welche Probleme hat deine Persona und wie kannst du sie lösen?

Ein grobes Beispiel für eine Persona ist folgendes:

Unser Beispielunternehmen ist im Bereich der Bildung tätig. Das Unternehmen bietet jede erdenkliche Art der Bildung an: von Weiterbildung über Umschulungen bis zu einem akademischen Abschluss. Kurse offeriert es sowohl online als auch in Form von Präsenzunterricht.

- *Alter: 18–80 Jahre*
- *Geschlecht: männlich oder weiblich*
- *Beruf: Schüler; Student; Arbeiter; Rentner; Arbeitslose; alle, die an Bildung interessiert sind*
- *Herkunft: offen*

Die obige Analyse zeigt, dass viele Menschen potenzielle Kunden sind. Im nächsten Schritt geht es darum, aus dieser Zielgruppe gezielt eine Persona zu entwickeln. Da wir eine große Bandbreite an Zielgruppen definiert haben, kann für jedes Alter eine bestimmte Persona entwickelt werden. Ich werde als Nächstes ein Beispiel beschreiben, das dir helfen soll, deine Persona zu erstellen.

Persona:

- Alexa Bertsch
- Alter: 27
- Herkunft: Stuttgart
- Bedürfnisse: günstige Preise, flexibler Service und hoher Qualität
- Befürchtungen: Sie zögert, ihre Ersparnisse für eine Weiterbildung auszugeben, ohne sicher zu sein, dass diese wirklich Früchte tragen wird.
- Kontaktpunkt: Über Google sucht Alexa sich ein paar Bildungsdienstleister heraus. Sie geht aber auch auf Check24, um die unterschiedlichen Anbieter miteinander vergleichen zu können.
- Zitat: „Mein Name ist Alexa. Ich habe vor zwei Jahren mein Masterstudium absolviert und arbeite aktiv seit zwei Jahren in einem Beruf. Ich spiele mit dem Gedanken, meine eigene Unternehmung zu gründen, und suche daher ein Institut, in

dem ich mich in diesem Bereich weiterbilden kann. Da ich nicht so viele Finanzierungsmittel habe, vergleiche ich die unterschiedlichen Institute online."

Basierend auf diesem Beispiel, kannst du deine eigene Persona kreieren. Du kannst so über ihre Träume, Wünsche und ihre Vision sprechen. Welche Ängste oder Sorgen hat deine Persona? Was motiviert sie? Versuche die Persona so detailliert wie es nur geht darzustellen.

Mit der richtigen Fragestellung, der Identifizierung deiner Zielgruppe und der Erstellung deiner Persona reduzierst du das Risiko, ziellos eine Unternehmung zu starten, für die es keinen Markt gibt. Den Wert, den du für den Kunden implementieren möchtest, solltest du um deine Persona herum aufbauen. So gewährleistest du, dass deine Unternehmung zielgerichtet und spezifisch aufgebaut wird. Das ist der erste Schritt, um die Kundenzufriedenheit sicherzustellen. Das folgende Zitat des chinesischen Philosophen Konfuzius finde ich hierzu sehr tief und spannend:

„Der Weg ist das Ziel."

In der heutigen dynamischen Welt bekommen wir oft vermittelt, dass man alles sofort, in diesem Moment haben müsse. Genau diese Denkweise ist falsch und führt oft dazu, dass wir durch unsere Ungeduld zu den falschen Ergebnisse kommen, aus dem einfachen Grund, dass wir überall Abkürzungen suchen. Beispielsweise wollen alle über Nacht ohne eine passende Erfolgsstrategie Millionär werden. Fakt ist: Wer im Leben wirklich erfolgreich werden möchte, muss hart arbeiten. Es bedarf sehr viel Zeit, Ausdauer, Disziplin und einer hohen Energieinvestition. Im Fokus einer Unternehmung steht unsere

Weiterentwicklung als das Ergebnis, das dadurch erzielt wird. Der Prozess, der dabei durchlaufen wird, ist der wahre Schatz hinter all dem, denn keiner kann ihn uns wieder wegnehmen. Aus diesem Grund spielt Geduld während dieser Phase eine bedeutende Rolle. Dein Ergebnis wirst du nicht von heute auf morgen erlangen. Versuche auf jeder Ebene möglichst viel zu lernen. Fokussiere dich auf dein Wachstum, indem du dich jeder Herausforderung und jedem Hindernis stellst. Vergiss nie, dass jedes Ziel, das du definierst, angepasst werden kann. Es ist okay, am Anfang Angst zu haben. Es ist auch okay, nicht alles zu wissen. Auch ich muss mir jeden Tag aufs Neue einreden, dass ich die richtige Entscheidung getroffen habe, alle meine Einnahmen in diverse Projekte zu investieren. Es klappt nicht immer, aber mein Wille, meine Situation zu ändern, ist stärker als der Entschluss, nichts zu unternehmen. Ich möchte dir Mut machen, ich möchte dir sogar raten, Angst zu haben; setze dich mit ihr auseinander. Versuche ihr klarzumachen, dass du dich entschieden hast, sage ihr, dass sie dich nicht beeinflussen kann, dass dein Entschluss steht. Nur so kannst du gegen jeden Sturm gewinnen. Auch wenn dies heißt, viel Zeit zu investieren, musst du weitermachen. Laufe weiter und gib nicht auf. Kämpfe, bis du keinen Atem mehr hast, und selbst dann noch musst du einen Weg finden weiterzumachen. Wenn du einmal diesen Weg eingeschlagen hast, gibt es kein Zurück mehr. Es gibt kein perfektes Rezept, allerdings hast du schon verloren, wenn du es nicht einmal probierst. Aus diesem Grund musst du mit ganzem Herzen dabei sein. Dein Wille, etwas zu verändern, muss stärker sein als deine Angst zu verlieren oder zu fallen. Ein weiterer Punkt, der hier noch angesprochen werden muss, ist das Thema Weiterbildung.

Weiterbildungen garantieren deinen Erfolg

Keiner wird von heute auf morgen zum Meister. Aus diesem Grund empfehle ich dir, dich weiterzubilden und deine Kompetenzen zu erweitern, da die beste Investition, die du je machen kannst, die in dich selbst ist! Lese und schaue dir Dokumentationen und Erfahrungsberichte an und bilde dich in vielen Bereichen weiter, um deinen Horizont zu erweitern. Versuche dem Kunden immer nur das Beste zu geben, auch wenn das bedeutet, sich wieder mit Büchern und Prüfungen beschäftigen zu müssen. Auch ich schrieb nach meinem Masterstudium trotz des Widerstands meines Geistes noch einmal Prüfungen, begann eine Fortbildung als „Psychologische Beraterin und Personal Coach", weil ich verstanden hatte, dass ich mich weiterbilden musste, wenn ich mehr Wert schaffen wollte. Das Wohlergehen und die Zufriedenheit meiner Zielgruppe stehen bei mir an oberster Stelle. Weiterbildungen sind notwendig, um stets auf dem aktuellen Stand sein zu können. Durch die Digitalisierung und den zunehmenden Austausch in der Welt wird alles komplexer. Viele Menschen benötigen Lösungen und da es ein großes Angebot an Informationen gibt, sind sehr wenige Menschen bereit, Zeit für die Suche zu investieren, und sie suchen gezielt nach Anbietern, die ihnen eine vorgefertigte Lösung bereitstellen. Sie sind dann auch bereit, für die richtige Information viel zu zahlen.

Wenn du einmal mit deiner Unternehmung am Markt etabliert bist, solltest du dies bei der Erweiterung oder Optimierung deines Wertes oder Ergebnisses stets im Hinterkopf behalten. Dein Ziel ist also, eine Zielgruppe auszuwählen und die richtige Information für sie zu konzipieren. Vergiss nicht, dass dein Ziel stets darauf ausgerichtet sein sollte, großen und immer größeren Mehrwert für den Kunden zu entwickeln. Versuche deinen Inhalt oder Content immer auf dem aktuellen Stand zu halten. Aktualisiere und erweitere deine Unternehmung peu à peu und regelmäßig, wenn diese einmal steht, um mit der Zeit zu gehen.

Leidenschaft allein reicht nicht aus. Du benötigst außerdem den Willen und den Hunger zu lernen, dir neues Wissen anzueignen. Finde Gefallen daran, mehr Wissen zu erlangen, nur so kannst du mit der Zeit gehen, denn: „Wer nicht mit der Zeit geht, geht mit der Zeit". Im nächsten Abschnitt wird das Thema die Motivation bzw. der Antrieb sein. Motivation ist zusammen mit deiner Leidenschaft die Kraft, der Baustein, der deine Unternehmung tragen wird. Je nachdem, wie du deine Motivation ausrichtest, wird dies über den Erfolg oder Misserfolg deiner Unternehmung entscheiden.

Motivation, der Grundbaustein deiner Unternehmung

In diesem Abschnitt geht es um Motivation (siehe Abbildung 7). Ich werde dir erklären, warum deine Unternehmung zuallererst auf Leidenschaft statt auf Geld oder Gewinn aufgebaut sein sollte.

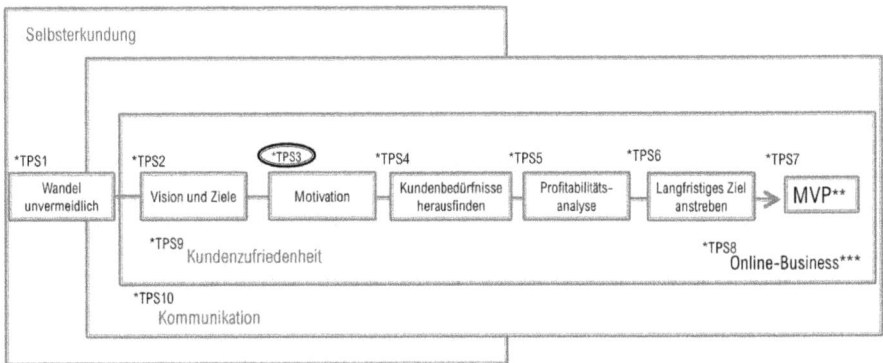

- *   * TPS = Teilprozessschritt
- *   ** Minimum Value Product/minimal überlebensfähiges Produkt
- *   *** Das Online-Business ist optional. Es kann nach der Wertschaffung gestartet werden oder parallel zu dieser.

Abbildung 7: Motivation als Antrieb deines Unternehmens (TPS3)

Antrieb durch Leidenschaft

Bevor wir die Welt der Wertschaffung und der Kundenbefriedigung erkunden, möchte ich ein paar Worte über die Motivation verlieren. Wie bereits erläutert, ist die Motivation oder auch der „Antrieb" ein erneuerbarer Kraftstoff, der nie zu Ende geht. Sie ist der Katalysator, die Energie, die du brauchst, um auf deiner Reise durchhalten zu können. Das richtige Mindset oder die richtige Denkweise helfen dir dabei. Du solltest dir jedes Mal die Frage nach deiner Motivation, deinem Antrieb stellen, denn wer in die Welt der Unternehmung eintreten möchte, wird mit sehr vielen Hürden zu kämpfen haben. Es ist nämlich ein langer Weg, den man gehen muss, um seine Idee zu konkretisieren oder zu realisieren. Bis dahin wirst du auf deinem Weg sehr viele Opfer bringen müssen: deine Zeit, dein Geld, deine Freunde, deine Familie etc. Eine Unternehmung aufbauen bedeutet: fallen und wieder aufstehen. Es bedeutet, es immer wieder zu versuchen und stets einen Grund zu finden, sein Ziel nie aus den Augen zu verlieren. Wenn man nach einer erneuten Niederlage am Boden liegt, ist das Einzige, was einem die nötige Energie zum Wiederaufstehen gibt, der Antrieb, die Motivation; die Motivation, die dich dazu gebracht hat, diese Reise anzutreten. Gib also nicht auf. Wenn dir das Verlangen danach ist, solltest du nie vergessen, dass du nicht der Einzige bist, dem es so geht. Alle erfolgreichen Menschen haben diese Erfahrung machen müssen. Dieses Buch soll dich ermutigen, deine Reise zu beginnen. Habe keine Angst, endlich deinen Traum zu leben. Höre auf deine innere Stimme und schaffe endlich Wert für dich und deine Mitmenschen. Damit deine Motivation niemals erlischt, ist es von großer Bedeutung, sie mit deiner Leidenschaft zu kombinieren, oder noch besser ausgedrückt, deine Leidenschaft in Unternehmung umzuwandeln. Wenn du es schaffst, deine Leidenschaft in Unternehmung umzuwandeln, werden sich alle Aktivitäten oder Bemühungen nicht mehr wie Arbeit anfühlen, sondern du wirst Selbstverwirklichung und Erfüllung empfinden, und wenn du einmal dieses Gefühl erlangt hast, wird dich nichts mehr aufhalten können. Wenn deine Unternehmung aber auf dem falschen Grundbaustein steht, kann dies zu negativen Konsequenzen führen. Sprich, wenn das Geld und der Ruhm die einzigen Faktoren sind, die dich dazu motiviert haben, dich in die Unternehmung zu stürzen, solltest du dies noch einmal überdenken.

Antrieb durch Geld

Wenn du deine Unternehmung wegen des Geldes gestartet hast, solltest du zwei Sachen tun:

- ▶ entweder aufgeben oder
- ▶ deinen Antrieb oder deine Motivation neu definieren.

Verstehe mich nicht falsch, ich habe nicht vor, dir eine Predigt zu halten, die besagt, dass du Gutes tun und abwarten sollst, dass das Leben dich für all deine Taten belohnt. Was an sich im sozialen Umfeld keine schlechte Einstellung ist, aber das ist nicht unser Thema. In Zentrum deiner Unternehmung, das können wir nicht oft genug wiederholen, steht der Mehrwert, die Lösung, die du für deine Zielgruppe entwickeln wirst. Weiterhin darfst du den Aufwand nicht vergessen, den du für das Ganze betrieben hast. Wenn du deine Unternehmung weiterführen möchtest, brauchst du Geld, deswegen ist es auch nicht verkehrt, eine Vergütung zu verlangen. Auch ich habe parallel zu dem Beitrag, den ich für andere erzeugen wollte, meine Unternehmung mit dem Ziel, passives Einkommens zu generieren, gestartet. Es ist okay, auch Geld aus deiner Unternehmung generieren zu wollen. Das Geld bringt dir langfristig nicht nur finanzielle Freiheit, sondern es hilft dir, das Leben aufzubauen, das du dir immer gewünscht hast, und den Wert für deine Kunden zu optimieren. Geld sollte jedoch niemals der primäre Faktor sein, wenn es darum geht, Unternehmer zu werden. Wer sich in die Unternehmung stürzt, sollte wissen, dass diese Aktivität oder auch Absicht mit sehr viel Aufwand verbunden ist. Erst nach zwei bis drei Jahren kann man frühestens mit einem Gewinn rechnen, wenn alles gut läuft. Deswegen bedarf die Schaffung eines Unternehmens sehr viel Geduld und Durchhaltevermögen. Aus diesem Grund sollte man eine Motivation oder einen Antrieb aufbauen, der stärker ist als alles andere und der nie erlischt. Die Gründung einer Unternehmung ist kein Sprint, sondern ein Marathon, der mit sehr viel Ausdauer und Motivation verbunden ist.

Zeit ist das Kostbarste, was jedes Lebewesen bei der Geburt bekommt, und das auch noch kostenlos. Aus diesem Grund sollte jeder sich an einem Punkt seines Lebens noch einmal sehr gut überlegen, gegen was er seine kostbare Zeit tauschen möchte. Wer nach finanzieller Freiheit strebt, sollte demnach seine Freizeit besser aufteilen. Um Freiheit zu erlangen, muss man sie zu Beginn erst einmal gegen Geld verkaufen. Wer sie richtig verkauft, sprich, eine brillante Strategie dafür entwickelt, wird langfristig seine Freiheit erlangen. Hier sind ein paar Beispielfragen, die dir helfen können, deine Zeit besser einzuteilen: Gegen was/welche Aktivitäten möchte ich meine übrige Zeit, meine Freizeit eintauschen? Um vor dem Fernseher, in der Disco, mit Freunden rumzuhängen? Oder möchte ich diese Zeit lieber nutzen, um heute in meine Ziele zu investieren und mir so zu ermöglichen (oder meine Chance zu erhöhen), morgen der alleinige Herrscher und Entscheider über meine Zeit zu werden? Investiere deshalb heute deine Zeit sinnvoll in eine wertschaffende Idee. So hast du morgen mehr Zeit, um dich auszuruhen, dein Leben zu genießen, zu reisen etc. Finde einen Weg, deine Leidenschaft mit der Entwicklung deiner Unternehmung zu fusionieren, und schaffe Wert. Deine Leidenschaft soll zu deinem Antrieb, deiner Motivation werden. Die Unternehmung ist kein Projekt, das einen Anfangs- und einen Endtermin hat, sondern ein Prozess, der immer wieder durchlaufen werden sollte. Die Betonung hier liegt auf „immer wieder", denn es ist ein iterativer Vorgang, der bei jeder Wiederholung neu angepasst werden muss. Wer also mit seiner Unternehmung erfolgreich werden möchte, sollte, wie oben erwähnt, sein Ziel definieren und seine Motivation neu definieren, wenn diese nur auf den Profit ausgerichtet sind. Empfehlenswert wäre eine Motivation oder auch ein Antrieb, der einen dazu bringt, seine Unternehmung auf die Kundenorientierung auszurichten. Zuletzt müssen die Bedürfnisse deiner oben ausgewählten Zielgruppe gründlich erforscht werden und darauf basierend sollte eine Lösung definiert, konzipiert und implementiert werden. Du kannst aber nur die richtige Lösung für deine Zielgruppe erzeugen, wenn du ihre echten und häufig unausgesprochenen Bedürfnisse ermittelst. Aus diesem Grund wird im nächsten Kapitel eine Disziplin vorgestellt, die dir dabei helfen wird, genau dieses Ziel zu erreichen. Nimm dir sehr viel Zeit für die Identifikation und Analyse deiner ausgewählten Zielgruppe, um ihre „echten" oder unausgesprochenen Bedürfnisse herauszufinden. Nur so wird die Qualität deines Wertes oder Ergebnisses gewährleistet sein.

Mit den echten Anforderungen das minimale überlebensfähige Produkt (MVP) erzeugen

In diesem Kapitel stelle ich dir eine Disziplin vor, mit der du die echten Bedürfnisse deiner ausgewählten Zielgruppe ermitteln kannst. Dem Kunden ist oft nicht bewusst, was er wirklich umgesetzt haben möchte.[*] Er kann seine Probleme, seine Bedürfnisse oft nicht in Worte fassen und weiß häufig nicht, was ihm wirklich fehlt. An dieser Stelle möchte ich ein Zitat von Henry Ford anführen: *„Wenn ich die Kunden gefragt hätte, was sie wollen, hätten sie gesagt, schnellere Pferde“*.[**] Hätte Henry Ford auf seine Kunden gehört, hätten wir heute auf unseren Autobahnen keine Innovation. Wir würden wahrscheinlich immer noch mit Pferden herumkutschieren. Durch Recherchen, Beobachtungen und tiefgründige Analysen hat Herr Ford die tatsächlichen Bedürfnisse des Kunden erkannt, „schnell von A nach B zu kommen“, und daraus Autos entwickelt. Er hätte, wenn er sich nur auf das gesprochene Wort des Kunden verlassen hätte, schnellere Pferde züchten müssen,

---

[*] Karl E. Wiegers (2005), a. a. O., Kap. 2.1.
[**] Jürgen Hoffmann, Stefan Roock (2018): Agile Unternehmen. dpunkt, Kap. 2.1.2.

aber tat er nicht. Er hat durch die Entwicklung der Autoprodukti-
on einen viel größeren Wert geschaffen. Anhand dieses Beispiels
wird genau das veranschaulicht, was oben bereits gesagt wurde, nämlich dass der Kunde meistens selbst nicht genau weiß,
was er braucht oder was ihm wirklich fehlt. Weiterhin definieren Hoffmann und Roock das Bedürfnis als *„einen Mangel"*, als
„etwas, das fehlt".˙ Genau deswegen ist es für den Erfolg deiner
Unternehmung lebensnotwendig, dass du mithilfe des Requirements Engineering und seiner Techniken die echten Bedürfnisse
deiner ausgewählte Zielgruppe herausfindest. Nimm dir sehr viel
Zeit für die Problemanalyse. Stelle sicher, dass die Anforderungen bzw. die Bedürfnisse, die du umsetzen möchtest, auch die
tatsächlichen Bedürfnisse des Kunden darstellen, sprich, die von
ihm nicht ausgesprochenen.

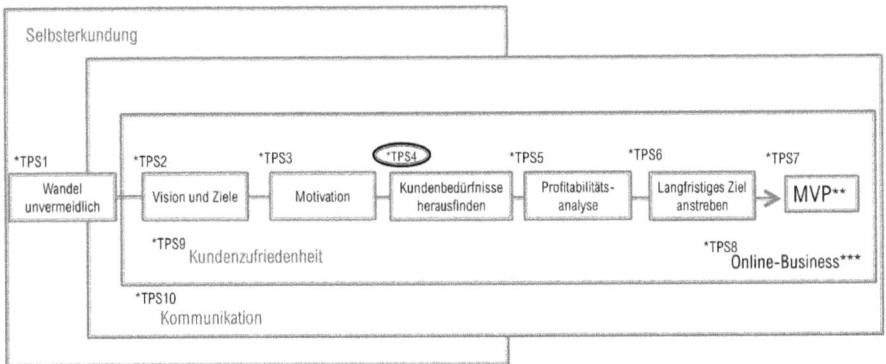

- • * TPS = Teilprozessschritt
- • ** Minimum Value Product/minimal überlebensfähiges Produkt
- • *** Das Online-Business ist optional. Es kann nach der Wertschaffung gestartet werden oder parallel zu dieser.

Abbildung 8: Ermittlung der Kundenbedürfnisse (TPS4)

˙ Zitiert nach ebd.

Die sich ständig ändernden Marktanforderungen, Wünsche oder auch Bedürfnisse der Menschen sind wesentliche Herausforderungen die sich durch die Digitalisierung noch verschärfen. An dieser Stelle stellt sich die Frage, wie du angesichts dieser Situation die Bedürfnisse deiner Zielgruppe befriedigen kannst. Wie kannst du als angehender Unternehmer die unausgesprochenen Wünsche trotzdem herausfinden? Bevor ich diese Frage beantworte, möchte ich dir eine Szene aus „Alice im Wunderland" von Lewis Carroll beschreiben, in der sich Alice mit einer Katze unterhält.

„Könntest du mir sagen, welchen Weg ich von hier nehmen soll?", fragt Alice. „Das hängt vor allem davon ab, wohin du gehen willst", sprach die Katze. „Ich weiß es nicht ...", sagte Alice. „Dann ist es egal, wohin du gehst", antwortete die Katze."*

Dieses Gespräch unterstreicht die Aussage, dass kein annehmbarer Wert oder Ergebnis für eine Zielgruppe erzeugt werden kann, wenn man nicht vorher ihre echten Bedürfnisse ermittelt. Du kannst die echten Bedürfnisse deiner Zielgruppe nicht kennen, wenn ihre Mitglieder selbst, wie metaphorisch im Gespräch dargestellt, ihren Weg oder ihr Ziel nicht vor Augen haben. Eine denkbare, aber zeitraubende Strategie wäre, verschiedene Werte oder Ergebnisse zu schaffen, bis etwas davon deiner Zielgruppe gefällt, aber ist das wirklich effektiv und effizient? Wirtschaftlich gesehen, ist das Ziel einer Unternehmung (wie anhand der detaillierten Wertschaffungskette dargestellt), so schnell wie möglich das minimal überlebensfähige Produkt, das „Minimum Viable Product" (MVP) für die ausgewählte

---

* Entnommen aus Christof Ebert (2014): Systematisches Requirements Engineering. 5. Aufl. dpunkt.

Zielgruppe zu schaffen. Aus diesem Grund sollte man sich nicht gleich in die Lösungsfindung stürzen, sondern erst einmal versuchen, die Bedürfnisse, die Probleme der ausgewählten Zielgruppe zu identifizieren, sie zu analysieren und zu verstehen. Dazu werden im Anschluss die „Grundbedürfnisse des Individuums" nach den beiden Professoren Paul Lawrence und Nitin Nohria vorgestellt.

Bedürfnis und Grundbedürfnis des Individuums

Um die Bedürfnisse einer Person identifizieren zu können, muss man diese Person zuerst verstehen. Um sie besser zu verstehen, muss man wiederum verstehen, was den Einzelnen motiviert. Es kann meines Erachtens nicht über die Motivation gesprochen werden, ohne die berühmteste Theorie der Bedürfnisse zu erwähnen, die „Bedürfnispyramide" nach Maslow.[*] Diese Pyramide wird in der Literatur durchaus unterschiedlich dargestellt und bezeichnet. In Abbildung 9 habe ich die Version von Douglas McGregor ausgewählt.

---

[*] Jürgen Weibler (2020): Leadership Insiders.
URL: https://www.leadership-insiders.de/maslows-beduerfnispyramide-der-jahrhundertirrtum-in-der-managementlehre/.

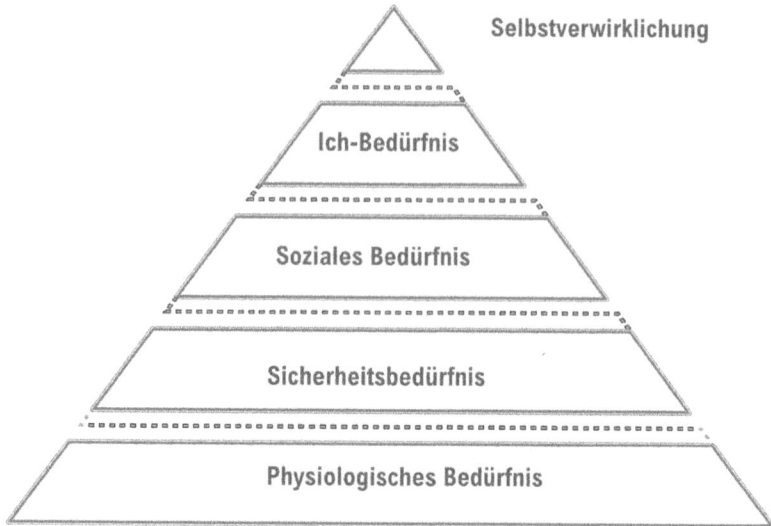

Abbildung 9: Die Maslow'sche Bedürfnispyramide, eigenen Darstellung˙

Die Bedürfnispyramide soll dir helfen, die Bedürfnisse deiner Zielgruppe erst einmal zu verstehen, bevor du dich in die Lösungsfindung stürzt. Bezogen auf diese Pyramide, durchlaufen alle Individuen fünf Ebenen, bevor ihre Bedürfnisse befriedigt sind. Diese Bedürfnisse werden in der Pyramide hierarchisch dargestellt. Diese Ebenen sind folgendermaßen charakterisiert˙˙:

▶ **Physiologische Bedürfnisse** Die physiologischen Bedürfnisse bilden die unterste Ebene der Pyramide. Es sind die Grundbedürfnisse des Menschen. Sie sind für das Überleben des Individuums lebensnotwendig, wie zum Beispiel essen, trinken,

˙ Quelle: ebd.
˙˙ Studyflix (2020): Bedürfnispyramide.
   URL: https://studyflix.de/wirtschaft/bedurfnispyramide-1553.

atmen etc. Wenn diese Bedürfnisse über eine längere Zeitspanne gestillt werden, kann die nächste Ebene aufgesucht werden.

▶ **Sicherheitsbedürfnisse** In der zweiten Ebene muss das Sicherheitsbedürfnis befriedigt werden. Beispiele dafür sind körperliche und seelische Sicherheit, wie zum Beispiel wohnen, Einkommen etc. Um ein langfristiges Einkommen zu gewährleisten, benötigt man beispielsweise einen Arbeitsvertrag.

▶ **Soziale Bedürfnisse** Wenn die ersten beiden Bedürfnisse befriedigt wurden, kann auf die nächste Ebene der sozialen Bedürfnisse eingegangen werden. Hier spielen Liebe, Zuneigung, Beziehungen etc. eine sehr wichtige Rolle. Der Mensch wird produktiver, wenn er das Gefühl hat, einer sozialen Gruppe oder Arbeitsgruppe etc. anzugehören.

▶ **Ich-/Individual-Bedürfnisse** Wenn alle bisherigen Ebenen befriedigt wurden, sehnt sich der Mensch nach Wertschätzung, Ansehen, Anerkennung etc.

▶ **Selbstverwirklichung** In der letzten und obersten Ebene befindet sich das Bedürfnis nach Selbstverwirklichung. Denn wenn der Mensch alle seine anderen Bedürfnisse befriedigt hat, führt dies in ihm zu einer großen Unzufriedenheit und erweckt das weitere Bedürfnis, sein Potenzial zu erweitern. Er möchte etwas Neues schaffen.

Erwähnenswert ist, dass die Bedürfnisse der niedrigeren Ebenen erst gestillt werden müssen, bevor daran gedacht werden kann, die auf der nächsthöheren Ebene zu befriedigen. In Weiteren stelle ich dir noch eine andere Bedürfnistheorie vor, dass von zwei Harvard-Professoren implementiert wurde. Laut diese Theorie werden Menschen oder Individuen durch fünf grundlegende Bedürfnisse getrieben (siehe Abbildung 10).

Bedürfnis des Erwerbs	Bedürfnis nach Bindung	Bedürfnis des Lernens	Bedürfnis der Sicherheit	Bedürfnis der Empfindung

Handel und Beratung — *Universität und Weiterbildungen* — *Restaurants und Konzerte*

Konferenzen und Partnervermittlungen — *Versicherungen und Rechtsdienst*

Identifizierung von Wünschen und Bedürfnissen vor der Investition

Abbildung 10: Menschliche Grundbedürfnisse, eigenen Darstellung[*]

Laut den beiden Professoren Lawrence und Nohria kann sehr viel Aufwand in Bezug auf Energie-, Geld- und Zeitinvestition etc. reduziert werden, wenn die Bedürfnisse oder Wünsche der Individuen durch die Anwendung ihrer Bedürfnistheorie identifiziert würden. Sie hilft uns, eine Idee in einer der fünf Grundbedürfnisse zuzuordnen. So können wir zu Beginn bereits definieren, welches Grundbedürfnis unsere Idee befriedigen soll. Davon haben Lawrence und Nohria fünf definiert[**]:

► **Bedürfnis des Erwerbs** Deine Idee kann diesem Bedürfnis zugeordnet werden, wenn sie Ruhm, Macht und Einfluss verspricht. Aktivitäten im Bereich des Handelns, der Beratung etc. gehören dieser Kategorie an.

► **Bedürfnis des Eingangs einer Bindung** Deine Idee spricht dieses Bedürfnis an, wenn sie verspricht, jemanden zu verführen oder auch, durch ihre Nutzung von anderen mehr geschätzt

---

[*]   Quelle: Josh Kaufman (2013), a. a. O., S. 58–59.
[**]   Ebd.

zu werden. Beispiele können hier sein: Partnervermittlungen, Events, Organisation von Konferenzen etc.

▶ **Bedürfnis des Lernens** Wenn deine Idee jemandem verspricht, sein Wissen, seine Kompetenzen oder Kenntnisse erweitern zu können, dann gehört sie dieser Kategorie an. Beispiele sind Weiterbildungszentren, Universitäten und Unternehmen, die zum Beispiel Fernstudien anbieten.

▶ **Bedürfnis der Sicherheit** Das vierte Bedürfnis bezieht sich auf alle Ideen hinsichtlich der Sicherheit eines Individuums. Wenn deine Idee die Sicherheit eines anderen gewährleistet, sei es in Form eines Rechtsdienstes, einer Lebensversicherung, einer Altersvorsorge etc., gehört sie dieser Kategorie an.

▶ **Bedürfnis der Empfindung** Beispiele für dieses Bedürfnis können Besuche von Konzerten, Sportveranstaltungen, Kinos etc. sein. Wenn deine Idee in anderen hier Begehren oder Reize weckt, dann gehört sie dieser Kategorie an.

Nun sind wir im Stande, unsere Idee einer Bedürfniskategorie zuzuordnen. Ich werde dir jetzt die Disziplin des Requirements Engineering vorstellen, die dir helfen wird, deine Zielgruppe nicht nur besser kennenzulernen, sondern sie auch zu verstehen.

Was ist Requirements Engineering?

Um die Aufgabe des Requirements Engineering zu veranschaulichen, möchte ich dir ein Zitat vorstellen, das von dem berühmten Autor Gilbert Keith Chesterton stammt:

„It isn't that they can't see the solution. It is that they can't see the Problem."[*]

Übertragen auf unseren Zusammenhang heißt dies: Es geht nicht einfach darum, irgendeinen Wert zu schaffen, das kann jeder. Nur bestimmte Werte bringen deine ausgewählte Zielgruppe dazu, ihre Geldbörse herauszuziehen. Dazu musst du für sie einen Wert oder ein Ergebnis erzeugen, die eine positive Veränderung in ihr Leben bringen. Du wirst demnach niemals den richtigen Wert für deine Zielgruppe implementieren, wenn du dich nicht mit der Problemanalyse beschäftigst. Laut dem obigen Zitat finden Menschen die Lösungen zu Problemen nicht, weil sie sich nicht die Zeit nehmen, das Problem zu identifizieren. Ich stelle dir die Disziplin des Requirements Engineering vor, weil sie dir helfen soll, das Problem deiner Zielgruppe zu identifizieren. Christof Ebert definiert Requirements Engineering als *„das disziplinierte und systematische Vorgehen zur Ermittlung, Dokumentation, Analyse, Prüfung, Abstimmung und Verwaltung von Anforderungen unter kundenorientierten, technischen und wirtschaftlichen Vorgaben"*.[**]

Requirements Engineering hilft einem, sich im ersten Schritt voll und ganz auf das zu identifizierende Problem zu konzentrieren. Deine erste Aufgabe in dieser Disziplin ist deshalb, das Ziel und das Problem ausführlich zu definieren. Stelle dich systematisch auf das Problem ein. *Systematisch* bedeutet hier, *sich ganz pragmatisch auf das Problem einzustellen.* Du solltest dein Ziel oder den zu schaffenden Wert also niemals aus den Augen verlieren. Aus der

---

[*] Zitiert nach Christof Ebert (2014), a. a. O., Kap. 2.3.

[**] Die folgenden Informationen zu Requirements Engineering sind entnommen aus Christof Ebert (2014), a. a. O., Kap. 2.3– 2.5.

Identifizierung der Probleme deiner Zielgruppe kannst du Anforderungen (siehe Kapitel 5.2.1) ableiten, die vor der Implementierung von deiner Zielgruppe kontrolliert werden sollten. Aus diesem Grund wird die Disziplin des Requirements Engineering auch als „kundenorientierte Disziplin" bezeichnet. Weiterhin solltest du folgende Begriffe bei ihrer Anwendung beherzigen:

▶ **Time-to-Market** die Zeitspanne von der Anerkennung einer Idee bis zur Entwicklung und Nutzung des Endwertes.
▶ **Time-to-Profit** der Zeitraum, bis ein Wert auf den Markt kommt und wirtschaftlichen Nutzen bringt.
▶ **Produktqualität des implementierten Wertes oder Ergebnisses** das Bemühen um die Umsetzung der Anforderungen während des gesamten Produktentwicklungszyklus.

Wie oben dargestellt, gibt es einen großen Unterschied zwischen dem Erreichen eines Zieles (Lösungsraum) und der Beschreibung des tatsächlichen Nutzens (Anforderung, Bedürfnis). Im nächsten Absatz erkläre ich dir kurz, was Anforderungen sind.

Anforderungen – Was du darüber wissen solltest

Anforderungen beschreiben meistens die Erwartungen deiner Zielgruppe oder deiner potenziellen Kunden. Im IEEE1990[*] werden Anforderungen wie folgt definiert:

▶ Ein Dokument, das in Eigenschaften oder Bedingungen repräsentiert werden kann.

---

[*] IEEE – Standard Glossary of Software Engineering Terminology (1990): URL: http://www.mit.jyu.fi/ope/kurssit/TIES462/Materiaalit/IEEE_SoftwareEngGlossary.pdf.

- Bedingungen oder Eigenschaften, die ein bestimmtes System erfüllen muss, um formelle Dokumente oder Verträge zu erfüllen.
- Benutzer definieren Eigenschaften oder Bedingungen, „um ein Ziel zu erreichen oder die Lösung" zu einem Problem zu finden.

Weiterhin definiert das International Requirements Engineering Board (IREB) die Anforderungen wie folgt[*]:

- Ein Bedürfnis, das von einem Stakeholder wahrgenommen wird.
- Eine Fähigkeit oder Eigenschaft, die ein System haben soll.
- Eine dokumentierte Darstellung eines Bedarfs, einer Fähigkeit oder eines Eigentums.

Wie diese Definitionen schön zeigen, können Anforderungen verschiedene Gestaltungsformen annehmen. Manchmal widersprechen sie sich oder sind mehrdeutig, da sie ja sozusagen den Wunschzettel einer Zielgruppe oder potenzieller Kunden darstellen. Jetzt, da du eine Vorstellung davon hast, was Anforderungen sind, werde ich dir drei Kategorien vorstellen, die dir bei der Segmentierung dieser Anforderungen helfen können.

---

[*] Siehe t2informatik (2021): Anforderung. URL: https://t2informatik.de/wissen-kompakt/anforderung/.

Anforderungskategorien

In Abbildung 11 werden drei Anforderungsarten unterschieden: funktionale Anforderungen, Qualitätsanforderungen und Randbedingungen.

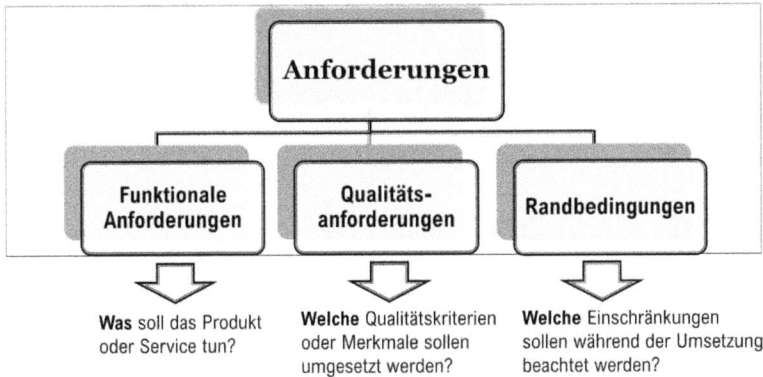

Abbildung 11: Anforderungskategorien, eigene Darstellung[*]

Christof Ebert erläutert die Anforderungskategorien aus Abbildung 11 wie folgt[**]:

▶ Funktionale Anforderungen stellen die Funktionalitäten oder auch das Verhalten, das der zu entwickelnde Wert oder das Ergebnis aufweisen sollte, dar. Sie beschreiben, was das Endergebnis oder der Wert leisten soll.
▶ Nichtfunktionale (Qualitäts-)Anforderungen illustrieren die Qualitätserwartungen des Nutzers und erweitern oder

---

[*] Quelle: Christof Ebert (2014), a. a. O., Kap. 2.3.
[**] Ebd.

ergänzen die funktionalen Anforderungen. Es kommt häufig vor, dass die Qualitätsanforderungen aufgrund starker Abhängigkeiten miteinander in Konflikt stehen.

▶ Randbedingungen ergänzen funktionale und nichtfunktionale Anforderungen (Qualitätsanforderungen). Diese technischen, organisatorischen Anforderungen schränken zugleich die Implementierung oder Realisierung des Endwertes ein.

Bevor ich mit den Aktivitäten des Requirements Engineering fortfahre, möchte ich dir den Nutzen von dessen Einsatz erläutern.

Nutzen von Requirements Engineering

Wer Requirements Engineering anwenden möchte, sollte sich zu Beginn des Projektes auf sehr viel Aufwand einstellen, der sich mit dem Fortschreiten des Projektes jedoch reduziert. In der Praxis wird diese Disziplin oft als zu aufwendig abgestempelt, da parallel zu dem laufenden Projekt Anforderungen nachbearbeitet werden müssen. Trotz dieses Aufwands empfehle ich dir, das Requirements Engineering nicht zu vernachlässigen, weil es die Fehlerbehebungskosten im Nachhinein erheblich reduziert. Weitere Nutzen, die für den Einsatz dieser Disziplin sprechen, sind[*]:

▶ **Wertorientierung** Durch Requirements Engineering werden unnötige Anforderungen bereits in einer früheren Projektphase erkannt und eliminiert, damit wird zugleich unnötiger Aufwand minimiert und der Fokus auf die wichtigsten Aktivitäten gelegt.

---

[*] Ebd., Kap. 1.3.

- **Qualität** Durch Requirements Engineering werden die Fehler-behebungskosten in der Testphase reduziert. Diese entstehen laut Ebert wegen (unzureichendem) Requirements Enginee-ring. Requirements Engineering erhöht durch die Reduzie-rung der Fehler die Kundenzufriedenheit.

- **Kostenreduzierung** Oben wurde bereits erwähnt, dass Require-ments Engineering den Fokus auf die echten Bedürfnisse lenkt und sicherstellt, dass nur gewollte Anforderungen umgesetzt werden. Der positive Einfluss besteht in der Reduzierung des Aufwands für die Nacharbeit. In der Praxis sind das 45 % des gesamten Projektaufwands.

- **Produktivitätsverbesserung** Für Fehlerbehebung werden 30 bis 50 % des Entwicklungsaufwands verbraucht, die in Entwick-lungsaktivitäten investiert werden könnten. Diese Fehler tre-ten aufgrund von schlecht geführten, sich ständig ändernden und „unzureichenden" Anforderungen auf. Durch Require-ments Engineering wird dies maßgeblich reduziert.

- **Kürzere Durchlaufzeiten** Mit klaren und gut definierten Anfor-derungen kann sichergestellt werden, dass alles terminge-recht fertiggestellt wird. Durch termingerechte Fertigung und die Reduktion von Nacharbeit kann somit ein Nutzen geschaf-fen werden.

Als Nächstes stelle ich dir die Hauptaktivitäten des Requirements Engineering vor, mit denen du die echten Bedürfnisse deiner Zielgruppe identifizieren kannst.

Kundenbedürfnisse ermitteln und deren Machbarkeit prüfen

Wer sich mit Requirements Engineering auseinandersetzt, muss sich nicht nur mit den Anforderungen, sondern auch mit deren

Quellen beschäftigen. Anforderungen können aus verschiedenen Quellen wie beispielsweise Dokumenten, Stakeholdern, bestehenden Systemen etc. entstehen. Klaus Pohl und Chris Rupp definieren die „Hauptaktivitäten" des Requirements Engineering.[*] Davon wird hier mit Hinblick auf den Zweck dieses Buches nur auf die Hauptaktivitäten „Ermittlung", „Prüfung" und „Abstimmung" eingegangen (siehe Abbildung 12).

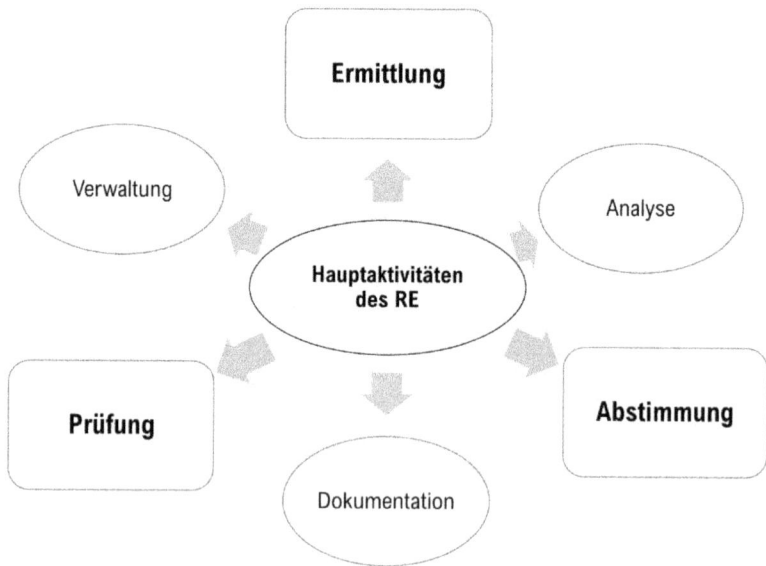

Abbildung 12: Die zentralen Aktivitäten des Requirements Engineering, eigene Darstellung[**]

Die zentralen Aktivitäten des Requirements Engineering werden im IREB (International Requirements Engineering Board) CPRE

[*] Klaus Pohl, Chris Rupp (2011): Basiswissen Requirements Engineering. Dpunkt. Kap. 3-8
[**] Ebd., Kap. 3-8

FL (Certified Professional for Requirements Engineering Foundation Level) spezifiziert, sie sind nicht von Prozessen abhängig und können sowohl in agilen als auch nicht agilen Projekten in unterschiedlichen Detaillierungsgraden angewendet werden. Die verwendeten Techniken und Methoden unterscheiden sich und werden dir helfen, die echten oder unausgesprochenen Bedürfnisse deiner Zielgruppe zu ermitteln.

Ermittle die echten Anforderungen deiner Zielgruppe

Im Bereich der Anforderungsermittlung geht es darum, die „echten" Anforderungen deiner Zielgruppe zu ermitteln, was dir ermöglichen wird, einen gewollten Wert oder ein Ergebnis zu erzeugen. Während der Ermittlung der Anforderungen ist es von großer Bedeutung, alle Anforderungsquellen zu identifizieren. In seinem 2011 veröffentlichten Buch nennt Klaus Pohl folgende Quellen zur Anforderungsermittlung[*]:

▶ **Stakeholder** Alle Akteure, die direkt oder indirekt die Anforderungen in Bezug auf den zu erschaffenden Wert oder das Ergebnis beeinflussen.

▶ **Laufendes System** Ähnliche Produkte am Markt (Ausprobieren von alten oder bestehenden Konkurrenzprodukten oder Service) können dich inspirieren, auf neue Anforderungen zu kommen.

▶ **Dokumente** Dokumente können sehr viele versteckte Anforderungen beinhalten. Sie können einem auch helfen, neue und innovative Anforderungen zu identifizieren.

---

[*] Die folgenden Informationen in diesem Abschnitt sind entnommen aus Klaus Pohl, Chris Rupp (2011): Basiswissen Requirements Engineering. dpunkt, Kap. 3.

Da du noch am Anfang deiner Unternehmung stehst, wirst du dich zuerst auf die ersten beiden Anforderungsquellen konzentrieren. Nach der Entwicklung deines ersten Wertes oder Ergebnisses empfehle ich dir, deine dabei gemachten Erfahrungen in einem Dokument festzuhalten (siehe die dritte Anforderungsquelle), auf das du zurückgreifen kannst, falls du es zu einem späteren Zeitpunkt brauchen solltest. Weiterhin definiert Pohl folgende Arten von Ermittlungstechniken

▶ Befragungstechniken,
▶ Beobachtungstechniken und
▶ dokumentzentrierte Techniken.

Als Erstes werde ich auf die **Befragungstechniken** eingehen. Mit dieser Technik kannst du ungenaue oder falsche Aussagen über Anforderungen identifizieren. Hierfür musst du deine Zielgruppe oder einen Repräsentanten für eine gezielte Befragung in Anspruch nehmen. Du oder eine von dir beauftragte Person übernimmt die Rolle des Requirements Engineers. Folgende Befragungstechniken kannst du anwenden

▶ **Fragebögen** Vorher formulierte Fragen werden an eine große Anzahl Beteiligter versendet.
▶ **Interviews** Der Requirements Engineer protokolliert alle Antworten, die während des Interviews vom Kunden gegeben werden.

Durch gezielte Fragen können mit dem Interview „unbewusste" Anforderungen ans Licht gebracht werden. Die nächste Befragungsmethode sind die **Beobachtungstechniken**. Hier beobachtest du deine Zielgruppe während ihrer täglichen Aktivitäten. Dabei ist es ratsam, Abläufe oder Reaktionen zu hinterfragen.

Diese Technik eignet sich für Menschen, die keine konkrete Aussage treffen können. Beispiele hierfür sind

- **Feldbeobachtung** Im Rahmen der Feldbeobachtung geht es darum, alles beobachtete Verhalten (Mimik, Reaktionen, Prozesse etc.) der Stakeholder während der Beobachtung zu dokumentieren.

- **Apprenticing** In diesem Beispiel übernimmt der Requirements Ingenieur die Rolle des Kunden oder des Repräsentanten der Zielgruppe, indem er sich dessen Fähigkeiten nicht nur aneignet, sondern sich in ihn hineinversetzt und dieselben Tätigkeiten ausführt wie dieser. Wenn deine zukünftigen Produkten die Arbeit von Kassiererinnen verbessern sollen, übernimmst du als Requirements Engineer nach Absprache mit einem Supermarkt, einer Bäckerei etc. für einige Stunden die Rolle einer Kassiererin, um hautnah alle Alltagsherausforderungen mitzuerleben. Ziel ist es, Anforderungen abzuleiten, die für den Kunden so selbstverständlich sind, dass diese nicht mehr ausgesprochen werden.

Die letzte Ermittlungsmethode, die hier präsentiert wird, ist die **dokumentzentrierte Technik.** Hierfür verwendest du dokumentierte Erfahrungsberichte oder bereits umgesetzte Lösungen, um neue Anforderungen zu identifizieren. Diese Methode kann mit anderen Ermittlungstechniken kombiniert werden. Beispiele hierfür sind Kreativitätstechniken, anhand derer innovative Anforderungen definiert werden

- **Brainstorming** Im Rahmen eines Brainstormings werden Ideen so lange gesammelt und detailliert ausgearbeitet, bis Innovation entsteht. Die Vorschläge werden einer Gruppe von Personen präsentiert (siehe Kapitel 5.2.1.1).

► **Perspektivenwechsel** Anforderungen werden im Rahmen des Perspektivenwechsels aus unterschiedlicher Sicht (Kunden, Experten etc.) exploriert.

Die Verwendung dieser Techniken hat zum Ziel, eine gewisse Transparenz zwischen den Kunden, der Zielgruppe und dem Unternehmer (Requirements Engineer) zu schaffen. Wie oben erwähnt, versuchen alle diese Techniken die echten und eventuell unausgesprochenen Anforderungen oder Wünsche des Kunden zu ermitteln. Um detaillierteres Feedback vom Kunden zu erlangen, kannst du auch einen Prototyp entwickeln. Durch dessen Visualisierung und Anwendung erhofft man sich, dass der Kunde auf weitere Ideen, Wünsche oder Bedürfnisse kommt. Wenn du weitere Techniken und Aktivitäten kennenlernen möchtest, empfehle ich dir, im Buch „Basiswissen Requirements Engineering"[*] von Klaus Pohl und Chris Rupp nachzuschlagen.

Nachdem du nun „die echten Bedürfnisse" deiner Zielgruppe durch die Anwendung der Ermittlungstechniken herausgefunden hast, müssen diese als Nächstes mit den Kundenbedürfnissen abgestimmt und geprüft werden.

Anforderungen prüfen und abstimmen

Bei der Prüfung und Abstimmung von Anforderungen geht es darum, die aufgestellte Anforderungsspezifikation mit den Kundenbedürfnissen abzustimmen, um zu sehen, ob diese zueinander passen oder anders gesagt, ob „die dokumentierten

---

[*] Klaus Pohl, Chris Rupp (2011): Basiswissen Requirements Engineering. dpunkt.

Anforderungen festgelegten Qualitätskriterien genügen".[*] Prüfungen werden meistens über Kundenfeedbacks durchgeführt. Weiterhin können definierte Testfälle die Prüfungsaktivitäten unterstützen, da das Erstellen von Testfällen eine intensive Auseinandersetzung mit den Anforderungen impliziert. Bei der Prüfung geht es vor allem darum, Konflikte zwischen den Anforderungen zu entdecken. Im Folgenden wird auf die Prüfung und Abstimmung von Anforderungen eingegangen.[**]

Anforderungen prüfen

Pohl und Rupp definieren folgende Prinzipien (P), um Anforderungen zu überprüfen[***]:

- ▶ P1: Die richtigen Stakeholder einbeziehen
- ▶ P2: Fehlersuche und -korrektur trennen
- ▶ P3: Prüfungen aus unterschiedlichen Sichten
- ▶ P4: Verschiedene Dokumentationsarten verwenden
- ▶ P5: Entwicklungsartefakte erstellen
- ▶ P6: Die Prüfung als einen Prozess ansehen, der fortwährend wiederholt werden soll

Zur Prüfung von Anforderungen werden in der Praxis oft „manuelle Prüftechniken", angewandt. Diese werden auch unter dem Begriff „Reviews" zusammengefasst. Es werden drei Review-Arten unterschieden:

---

[*] Ebd., Kap. 7.
[**] Johannes Bergsmann (2018), a. a. O., Kap. 4.1.
[***] Die folgenden Informationen und Zitate sind entnommen aus Klaus Pohl, Chris Rupp (2011), a. a. O., Kap. 7.

- **Stellungnahmen** Eine dritte Person erhält die Anforderungen und muss mithilfe vorher festgelegten Kriterien die Qualität überprüfen.
- **Inspektion** Anhand eines strengen „Prozessschemas" wird dein erzeugter Wert oder dein Ergebnis nach Fehlern durchsucht.
- **Walkthrough** Diese Technik ähnelt einem Review und ist im Vergleich zu der Inspektion ein wenig strenger.

Weitere Prüftechniken wie beispielsweise „perspektivenbasiertes Lesen, Prüfung durch Prototypen" etc. können in der Veröffentlichung von Pohl und Rupp, Kapitel 7.5, nachgeschlagen werden. Im nächsten Abschnitt zeige ich dir, wie du die von dir ermittelten Anforderungen abstimmen kannst.

Abstimmung von Anforderungen

Um Anforderungen abstimmen zu können, müssen alle Konflikte beseitigt werden. Im Rahmen des Requirements Engineering müssen dafür folgende Aufgaben durchgeführt werden[*]:

- Konfliktidentifikation
- Konfliktanalyse
- Konfliktauflösung
- Dokumentation der Konfliktauflösung

Nachdem du die meisten Konflikte beseitigt hast, können die Anforderungen abgestimmt werden. Es ist wichtig, den Kunden bei

---

[*] Klaus Pohl, Chris Rupp (2011), a. a. O., Kap. 7.6.

der Abstimmung deiner Anforderungen miteinzubeziehen, weil nur er die Qualität bestätigen kann. Er ist auch derjenige, der die Anforderungen priorisiert. Aber bevor du dich in die Implementierung der Anforderungen stürzt, solltest du die Machbarkeit oder auch Profitabilität deiner Idee überprüfen. Im nächsten Abschnitt stelle ich dir zwei Methoden vor, mit denen du die Machbarkeit deiner Idee überprüfen kannst.

Profitabilitätsscheck: Ist deine Idee lohnend und realisierbar?

Im Folgenden zeige ich dir zwei Methoden, die dir helfen werden zu entscheiden, ob deine Idee wünschenswert, lohnend und realisierbar ist. Denn nicht jeder realisierbare Wert oder jedes Ergebnis ist auch profitabel.

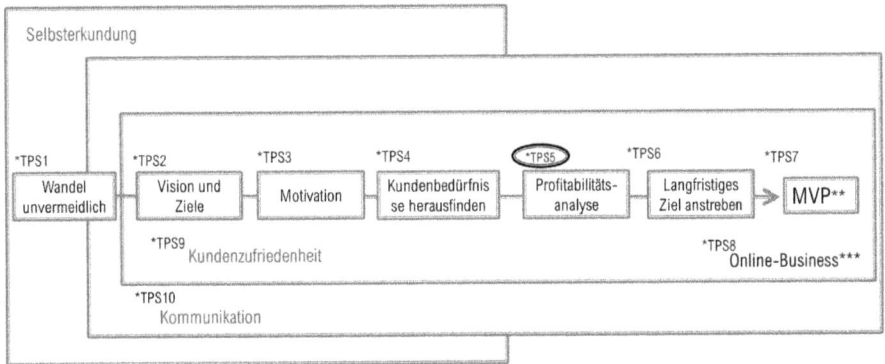

- * TPS = Teilprozessschritt
- ** Minimum Value Product/minimal überlebensfähiges Produkt
- *** Das Online-Business ist optional. Es kann nach der Wertschaffung gestartet werden oder parallel zu dieser.

Abbildung 13: Profitabilitätsanalyse (TPS5)

Durch die frühe Schätzung des Aufwands – in Form von Kosten, Zeit, Ressourcen, Energie etc. – kannst du dir frühzeitig viel Mühe, Fehlinvestitionen etc. ersparen.

Zehn Kriterien einer Marktbewertung

Die Methode, die ich dir als Erstes präsentieren werde, habe ich aus einem Buch von Josh Kaufman.[*] Er bezeichnet diese Methode als „dix critères d'évaluation d'un marché" (siehe Abbildung 14). Ins Deutsche übersetzt bedeutet dies die „zehn Kriterien einer Marktbewertung".

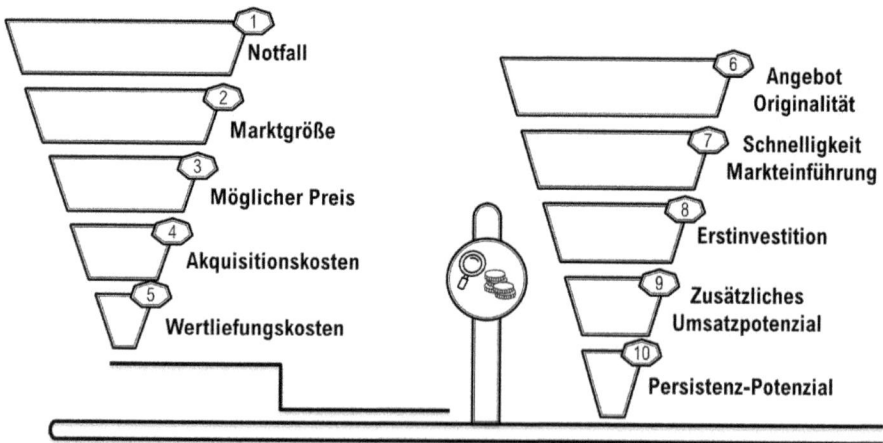

Abbildung 14: Die zehn Kriterien einer Marktbewertung, eigenen Darstellung[**]

---

[*] Josh Kaufmann (2013): Le personal MBA.Alisio S. 61–62 (französische Ausgabe).
[**] Quelle : ebd., S. 61-62

Als Erstes werde ich dir die zehn Kriterien von Kaufman kurz beschreiben[*]:

1. **Notfall:** Hier geht es darum, die Anzahl der Personen zu beschreiben, die bereit sind, eine Bestellung für dein Angebot aufzugeben. So kannst du bereits jetzt analysieren, ob du dein Return on Investment zurückerhalten kannst. Denn erst nach Erhalt deines investierten Geldes kannst du von einem Gewinn reden, also deinem Umsatz abzüglich deiner investierten Summe.

2. **Marktgröße:** Hier geht es darum zu ermitteln, von wie vielen potenziellen Kunden deine Idee nachgefragt werden wird, also inwieweit deine Idee einem unmittelbaren Bedarf entspricht?

3. **Möglicher Preis:** Was ist der höchste Preis, den ein Kunde zu zahlen bereit wäre, um sein Problem zu lösen?

4. **Akquisitionskosten:** Hier geht es darum, die Summe einzuschätzen, die du investieren musst, um einen Kunden zu gewinnen.

5. **Wertlieferungskosten:** Wie hoch schätzt du die Kosten ein, die du in deine Wertschöpfung investieren musst, und wie hoch sind die Kosten für die Lieferung deines Wertes an deine potenziellen Kunden?

6. **Originalität des Angebots:** Wie originell ist dein Angebot im Vergleich zu dem der Wettbewerber? Kann es leicht kopiert werden?

7. **Schnelligkeit der Markteinführung:** Wie schnell kannst du dein Angebot vermarkten?

8. **Erstinvestition:** Wie viel Geld wirst du für die Entwicklung deines Wertes oder Ergebnisses investieren müssen?

---

[*] Ebd., S. 61-62

9. Zusätzliches Umsatzpotenzial: Welches zusätzliche Umsatzpotenzial kannst du in Verbindung mit deinen Produkten erzeugen?

10. **Persistenzpotenzial:** Wie viel zusätzliche Arbeit müsstest du nach der Erstellung des ursprünglichen Werts oder Ergebnisses investieren, um sie weiterzuverkaufen?

Als Nächstes gebe ich dir eine genauere Erklärung, wie du diese Bewertungsmethode anwenden und bewerten kannst.

1. Als Erstes schreibst du auf ein von dir ausgesuchtes Medium (Blatt Papier, Word-Dokument etc.) die zehn Kriterien der Marktbewertung, wie diese in der oben dargestellten Abbildung konzipiert wurden.

2. Dann gibst du, beginnend von Punkt 1 bis Punkt 10, auf einer Skala von 0 bis 10 eine Bewertung in Bezug auf deine Idee ab, wo sich dafür
   — ein unattraktiver Markt (0 Punkte) und
   — wo sich ein äußerst attraktiven Markt (10 Punkte) ergibt.

3. Im letzten Schritt geht es darum, die von dir vergebenen Punkte bezüglich jedes der zehn Kriterien zu summieren. Wenn dein Ergebnis
   — kleiner als 50 oder gleich 50 (Ergebnis ≤ 50) ist, solltest du deine Zeit und dein Geld in eine alternative Idee investieren.
   — größer als 75 oder gleich 75 (Ergebnis ≥ 75) ist, solltest du weiterhin in deine Idee investieren.
   — zwischen 50 und 75 (50 ≥ Ergebnis ≤ 75) liegt, könnte die Idee rentabel sein.

Weiterhin empfehle ich dir, nach der Anwendung der zehn Kriterien zusätzlich zu einer Marktbewertung eine SWOT-Analyse durchzuführen, die im nächsten Absatz erläutert wird.

SWOT-Analyse

Diese Methode soll dir helfen, die Stärken, Schwächen, Chancen und Risiken deiner Unternehmung frühzeitig zu identifizieren. Mit diesem Modell identifizierst du zwar das Was, aber das Wie, sprich den Weg zur Lösung musst du selbst entwickeln. Aus deinen Analysen kannst du am Ende Verbesserungen, Maßnahmen und Strategien ableiten. Die SWOT-Analyse bezieht sich nicht nur auf interne, sondern auch auf externe Faktoren. Sie hilft dir, die Zukunftsfähigkeit deiner Unternehmung besser einzuschätzen. Dabei werden, wie oben beschrieben, vier Faktoren oder Eigenschaften einer Unternehmung bewertet (siehe Abbildung 15).

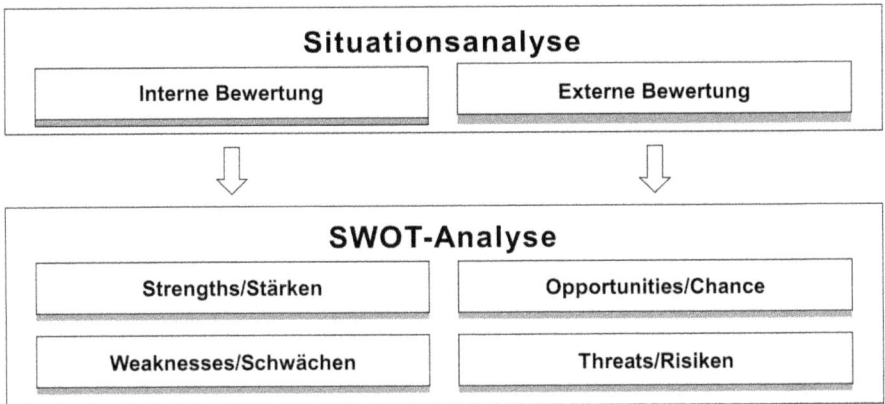

Abbildung 15: SWOT-Analyse zur besseren Einschätzung deiner Unternehmung[*]

---

[*] Scribbr (2019): Die SWOT-Analyse. URL: https://www.scribbr.de/modelle-konzepte/swot-analyse/.

Mit Hilfe der oben dargestellte Matrix kannst du zahlreiche Punkte nach Wichtigkeit oder Priorität ordnen. Die dargestellten Stärken und Schwächen beziehen sich direkt auf deine Unternehmung, deswegen werden diese in Abbildung 15 als „interne Bewertung" bezeichnet. Die Bewertung der Chancen und Risiken hingegen ist der „externen Bewertung" zugeordnet. Im Weiteren stelle ich dir Beispiele vor, die dir bei der Evaluation deiner Idee helfen können.

Beispiele für eine interne Bewertung:

- ► großer Einfluss der Investoren
- ► Know-how (fachlich und technisch)
- ► Innovation
- ► Abhängigkeit von externen Stakeholdern
- ► Flexibilität
- ► Produktionskosten
- ► Reputation
- ► Ressourcen
- ► Kreativität

Beispiele für eine externe Bewertung:

- ► Schulden
- ► neue Konkurrenz
- ► sinkende Nachfrage
- ► neue Märkte (sowohl lokal als auch international)
- ► Prozesse
- ► Preispolitik
- ► Zustand der Wirtschaft
- ► neue oder bestehende Zielgruppen
- ► Gesetz
- ► Marktentwicklung

Bei den **Stärken** geht es darum, deine Kernkompetenzen zu identifizieren (siehe Kapitel 5.1), sprich zu definieren, was deine Unternehmung auszeichnet. Was macht deine Einzigartigkeit aus? Wie gut und genau du deine Stärken analysieren kannst, entscheidet darüber, wie lange deine Unternehmung überleben wird. Bei den **Schwächen** geht es darum zu erforschen, was dir nicht so gut liegt, welche Probleme immer wieder aufkommen und vor allem, wo die anderen besser sind. Weiterhin drehen sich alle Fragen in der Kategorie **Chancen** um Trends, Technologien etc. Diese kannst du nutzen, um deine Unternehmungsprozesse zu optimieren. Bei den **Risiken** geht es darum, Bedrohungen, die deinem Business schaden oder es einschränken können, zu identifizieren und Präventivmaßnahmen zu definieren. Die Analyse konzentriert sich wie gesagt auf den Status quo, daher musst du deine Lösungsansätze oder Verbesserungsmaßnahmen selbst ableiten und priorisieren. Versuche stets die Stärken deiner Unternehmung zu erweitern und deine Schwächen so gut es geht zu reduzieren. Wenn du dich nach deiner Auswertung dafür entscheidest, mit deiner Unternehmung fortzufahren, solltest du diese auf einen langfristigen Erfolg ausrichten. So hast du mehr Zeit, um eine kundenorientierte Unternehmung mit hoher Qualität als oberstes Ziel aufzubauen.

In Kapitel 4 hast du einen Bereich, eine Idee, eine Zielgruppe ausgewählt, für die du eine Lösung, einen Wert oder ein Ergebnis implementieren möchtest. Darauf basierend, hast du eine Persona als Stellvertreterin deiner Zielgruppe konzipiert. Bevor du dich an die Ermittlung der echten Bedürfnisse deiner Zielgruppe gemacht hast, hast du vorab deine Motivation überprüft, um sicherzustellen, dass der Aufbau deiner Unternehmung auf dem richtigen Fundament ruht. In Kapitel 5 hast du die Disziplin Requirements Engineering kennengelernt sowie Techniken, um die echten oder auch unausgesprochenen Bedürfnisse deiner Zielgruppe zu ermitteln. Mithilfe der Anforderungskategorien konntest du deine Anforderungen segmentieren, um eine klare Übersicht über diese zu haben. Im letzten Teil des Kapitels 5 hast du die Profitabilität deiner Idee geprüft und dich dafür entschieden, deine Idee zu einem „minimal verkaufbaren, überlebensfähigen Produkt" weiterzuentwickeln. Aber bevor du deiner Idee eine Wertform gibst, ist es wichtig, einen langfristigen Erfolg anzustreben. Um genau dieses Thema geht es als Nächstes.

Einen langfristigen Erfolg anstreben

Wenn du als Unternehmer wachsen und erfolgreich sein möchtest, musst du für die Zufriedenheit deiner Kunden sorgen und das geht nur, wenn du eine kundenorientierte Unternehmung aufbaust, und das ist wiederum nur möglich, wenn ein langfristiger Erfolg angestrebt wird (siehe Abbildung16).

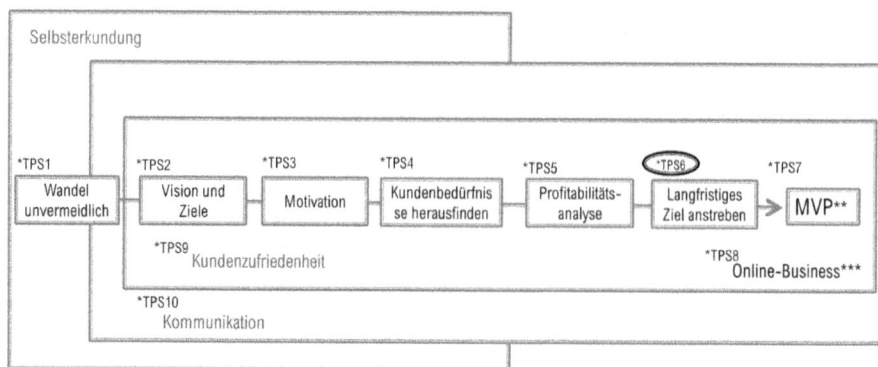

- • * TPS = Teilprozessschritt
- • ** Minimum Value Product/minimal überlebensfähiges Produkt
- • *** Das Online-Business ist optional. Es kann nach der Wertschaffung gestartet werden oder parallel zu dieser.

Abbildung 16: Einen langfristigen Erfolg anstreben (TPS6)

Wer sich langfristige Ziele setzt, hat mehr Zeit, nicht nur, um in die Zukunft seiner Unternehmung zu investieren, sondern auch, um sich mit den Kunden und ihren Problemen auseinanderzusetzen. Mit dem „3-Horizonte-Modell"[*] von Merhad Baghai kannst du genau das erreichen. Nach diesem Modell werden drei Innovations- und Wachstumshorizonte unterschieden (siehe Abbildung 17). Als Unternehmer musst du alle drei Horizonte realisieren, wenn du wachsen möchtest. Diese drei Horizonte können nur umgesetzt werden, wenn ein langfristiger Erfolg angestrebt wird.

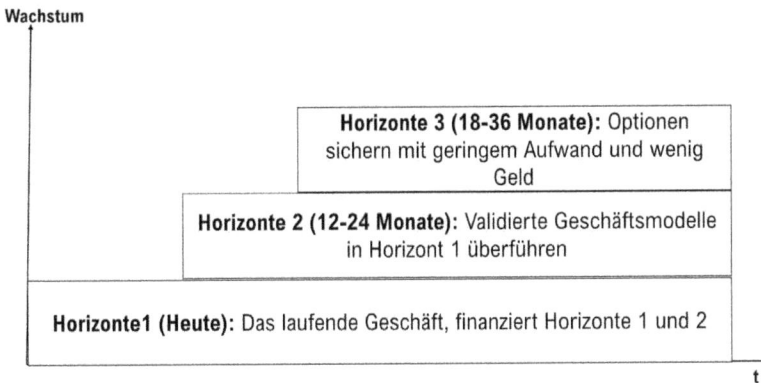

Wachstum

Horizonte 3 (18-36 Monate): Optionen sichern mit geringem Aufwand und wenig Geld

Horizonte 2 (12-24 Monate): Validierte Geschäftsmodelle in Horizont 1 überführen

Horizonte1 (Heute): Das laufende Geschäft, finanziert Horizonte 1 und 2

t

Abbildung 17: 3-Horizonte-Modell, eigene Darstellung[**]

In Horizont 1 findet das „Daily Business" statt. Die Transaktion, die beim Kauf durchgeführt wird, sprich der Geldfluss oder Austausch, wandelt deine Unternehmung in ein **Unternehmen** um. Irgendwann erreicht dein Ergebnis oder der Mehrwert den

---

[*] Das Modell von Baghai et al. (2000): The Alchemy of Truth, und die Ausführungen dazu wurden entnommen aus Jürgen Hoffmann, Stefan Roock (2018), a. a. O., Kap. 2.4.1.
[**] Quelle: Jürgen Hoffmann, Stefan Roock (2018), a. a. O., Kap. 2.2.

Punkt, an dem er nicht mehr verkauft und kein Umsatz mehr gemacht wird. Dieser Punkt nennt sich „Stagnation". Wenn dein Ergebnis stagniert, hast du zwei Möglichkeiten:

▶ dein Ergebnis durch Hinzufügen neuer Anforderungen erweitern oder

▶ dein Ergebnis durch eine neue, innovative Kreation ersetzen.

Die drei Horizonte beinhalten genauer:

Horizont 1:

In diesem Horizont befindet sich das Ergebnis oder der Mehrwert, mit dem du als angehender Unternehmer aktuell dein Geld verdienst. Beachte aber, dass ein Ergebnis bzw. dein erschaffener Mehrwert eine begrenzte Lebensdauer hat. Am Anfang wirst du mit deiner Unternehmung sehr viel Umsatz generieren, aber irgendwann erreichst du mit deinem Mehrwert einen Punkt, an dem du keine Umsätze mehr generierst und dein Mehrwert stagniert. Dieser Punkt nennt sich „Sättigung". Anders ausgedrückt: Ein Weitergehendes Wachstum ist ausgeschlossen. In der Zwischenzeit ist der Markt zwischen den Wettbewerbern aufgeteilt. Hoffmann und Roock zufolge werden viele Innovationen im dritten Horizont getätigt (siehe Abbildung 17) mit dem Ziel, die Qualität von bestehenden Produkten und Service zu optimieren. Die Innovation, welche hier stattfindet, hat als Ziel, den weitergehenden Bedürfnissen der Kunden mit einem innovativen Mehrwert oder Ergebnis nachzukommen.

Im ersten Horizont geht es darum zu verstehen, dass das Ergebnis oder der Mehrwert, der von dir implementiert wurde, dein Kernbusiness ist, mit dem du gerade Umsätze generierst. Dieses Ergebnis solltest du

sehr gut und mit hoher Aufmerksamkeit und Qualität managen. Das Feedback, das du von deinen Kunden bekommst, solltest du beherzigen und darauf reagieren. Dies sichert die Kundenzufriedenheit und das Überleben deines Unternehmens.

Wenn du mit deiner Unternehmung wachsen möchtest, musst du über den ersten Horizont hinaus innovieren.

Horizont 2:

Im zweiten Horizont wird an einem neuen Ergebnis oder Mehrwert gearbeitet. Dieser soll irgendwann den ersten Horizont ersetzen oder erweitern. Aus diesem Grund solltest du mit Horizont 2 mindesten zwei Jahre vor der Stagnation deines Ergebnisses aus Horizont 1 beginnen, um so einer möglichen Stagnierung vorzubeugen.[*] Die Informationen, die hierfür genutzt werden, basieren auf bewährten Untersuchungen. Parallel dazu solltest du auf die Kundenzufriedenheit achten, indem du dich um deine Kunden kümmerst. Damit beugst du einer frühzeitigen Stagnation deiner Produkte vor.

Nachdem du dein Ergebnis auf den Markt gebracht hast, solltest du dich nicht ausruhen und denken, dass alles damit erledigt ist. Mit der Vermarktung deines Ergebnisses fängt deine Unternehmung richtig an, denn diese wandelt sich jetzt in ein richtiges Unternehmen um. Deswegen solltest du parallel dazu bereits anfangen, neue innovative Ideen zu generieren, damit deine Ergebnisse nie stagnieren, sprich, nie den Punkt erreichen, an dem kein Umsatz mehr generiert wird.

---

[*] Jürgen Hoffmann, Stefan Roock (2018): Das 3-Horizonte-Modell für mehr Innovation, in: Upload Magazin. URL : https://upload-magazin.de/23657-3-horizonte-modell/.

Horizont 3:

Horizont 3 findet parallel zu Horizont 1 und 2 durch einen Test-versuch oder ein Testprojekt statt. Hier wird Innovation er-zeugt. Dadurch, dass hier nur Ideen getestet werden, werden in dieser Ebene auch keine Einnahmen oder kein Umsatz erzielt. Über Recherchen werden in diesem Horizont neue Zielgruppen identifiziert. Für diese wird versucht einen neuen Wert oder auch ein Ergebnis zu generieren. Ziel ist es, mit so wenig Inves-tition wie möglich etwas Werthaltiges und Innovatives zu kon-zipieren.[*] Optimal ist, wenn daraus viele Möglichkeiten oder auch Optionen entstehen. In der Praxis investieren Unterneh-men ungern in den dritten Horizont, weil dies keinen Umsatz generiert.

In diesem Horizont gibt es keine Garantie, dass das konzipierte und ge-testete Ergebnis auch Erfolg auf den Markt bringen wird. Es gibt ledig-lich eine Zielgruppe, die an dem besagten Produkt interessiert wäre. Deswegen ist es ratsam, so wenig Geld wie möglich in diese Ebene zu investieren. Versuche den MVP in Horizont 2 zu erzeugen und beob-achte die Reaktion der Zielgruppe, bevor du dich in die Entwicklung stürzt.

Der Einsatz dieses Modells ist mit großen Herausforderungen verbunden. Der Kunde sollte stets im Mittelpunkt des Gesche-hens stehen, damit gewährleistet ist, dass das Endergebnis von ihm auch abgenommen wird. Letztendlich ist es egal, welche Horizonte gerade angestrebt werden, der Kunde bestimmt und definiert den Wert. Für ihn kann nur ein Wert geschaffen werden,

---

[*] Die folgenden Informationen in diesem Abschnitt wurden entnommen aus Jürgen Hoff-mann, Stefan Roock (2018), a. a. O., Kap. 2.

wenn man sich ausführlich und intensiv mit seinen Bedürfnissen auseinandersetzt, um für ihn einen Nutzen zu erzielen. Nur so kann eine Vision entstehen, mit der du dein Ziel und deine Strategie konzipieren kannst.

Aber was soll man machen, wenn man bereits die echten Anforderungen des Kunden herausgefunden, seine Unternehmung langfristig ausgerichtet und trotzdem keine Ahnung hat, wo und wie man am besten anfangen soll? An wen sollte man sich dann wenden? Wie soll der nächste Schritt aussehen? Ich schlage in diesem Fall vor, die versteckte Macht des Wettbewerbs zu nutzen. Wie du diese Macht am bestens nutzt, zeige ich dir im nächsten Abschnitt.

Wie du den Wettbewerb zu deinen Gunsten nutzen kannst

Stürze dich bitte nicht sofort in die Implementierungsaktivitäten. Mache zunächst Marktforschung und finde heraus, ob es deine Idee in irgendeiner Form schon gibt, und dann nutze sie zu deinen Gunsten. Du musst das Rad nämlich nicht neu erfinden. Wenn die Konkurrenz oder der Wettbewerb beispielsweise bereits ähnliche Produkte am Markt anbietet, solltest du dir die Zeit nehmen, sie ganz genau zu beobachten. Der beste Weg, um die Konkurrenz zu beobachten, besteht darin, selbst ein Kunde zu werden. Kaufe so viele Produkte wie möglich und so wenig wie nötig, um sie kennenzulernen. Versuche den Markt, in den du eintreten möchtest, von innen heraus zu verstehen. Auf folgende Punkte solltest du dabei unter anderem achten:

► **Preis:** Wie wird der Preis bestimmt oder gesetzt?

- ▶ **Aufmerksamkeit:** Wie zieht die Konkurrenz die Aufmerksamkeit auf sich?
- ▶ **Vertrieb:** Wie werden die Produkte vertrieben?
- ▶ **Kundenbindung:** Welche Strategie wird genutzt, um die Kundenbeziehung zu festigen?

Betrachte die Konkurrenzprodukte mit den Augen des Kunden, beobachte sie, probiere sie aus, nur so kannst du erste Erkenntnisse erlangen. Diese veränderte Sichtweise ist von großer Bedeutung, wenn du Innovation schaffen möchtest. Es hilft dir umzudenken und nicht nur alles aus deiner Perspektive zu sehen. Weiterhin hilft es dir, deine Gedanken oder Idee umzustrukturieren. Denn wenn du als Unternehmer keinen kontinuierlichen Wert für deine Zielgruppe oder Kunden schaffst, werden deine Produkte den Markteintritt entweder nicht überleben oder von der Konkurrenz zerfleischt werden.

Du bist also derjenige, der für den Kunden Wert schafft, und der Kunde ist derjenige, der diesen Wert bestimmt und auswertet (wenn dein erschaffener Wert einen hohen Nutzen für ihn darstellt, bleibt er und strebt eventuell eine längere Beziehung mit deinen Produkten an). Auch Hoffmann und Roock vertreten sicherlich dieselbe Meinung, indem sie folgendes Zitat von Götz Werner anführen: *„Die Kunst ehrlicher Kommunikation ist, beharrlich und bescheiden an der Zielsetzung zu arbeiten, den Kunden auf Augenhöhe anzusprechen, damit auf Dauer wirklich erlebbar wird, dass der Kunde nicht das Objekt unserer Begierde ist, sondern das Ziel unserer Anstrengungen."*[*]

---

[*] Zitiert nach Jürgen Hoffmann, Stefan Roock (2018), a. a. O., Kap. 2.1.

Dieses Zitat weist uns darauf hin, uns voll und ganz auf den Kunden zu konzentrieren. Man sollte einen langfristigen Erfolg anstreben (siehe Kapitel 6.4), der einem ermöglicht, durch den richtigen Einsatz von Kommunikation den Kunden langfristig an sich zu binden. Wenn der Kunde richtig verstanden wird, kommt der Erfolg von allein. Schaffe oder kreiere etwas, was der Kunde braucht, dann wird er immer wieder zurückkommen. Das von dir erschaffene Ergebnis oder der Mehrwert für deinen Kunden kann verschiedene Wertformen annehmen; welche dies sind, stelle ich dir im nächsten Absatz vor.

Wert schaffen: Setze deine Idee um

Wert schaffen bedeutet für mich Veränderung. Veränderung impliziert Änderungen sowie ein Änderungsmanagement, das auch unter dem Namen Change-Management bekannt ist. Die Veränderung muss identifiziert, akzeptiert, konzipiert, umgesetzt und gesteuert werden. In der Praxis wird Veränderungsmanagement vorwiegend im Bereich der Prozessoptimierung eingesetzt. Kurt Lewin*, ein amerikanischer Soziologe, hat ein dreistufiges Modell entworfen, um die Komplexität, die die Einführung einer Veränderung mit sich bringt, zu reduzieren. Dieses Modell besteht aus drei Stufen

1. **Erste Stufe** Das **Auftauen** stellt den Moment dar, in dem einem bewusst wird, dass eine Veränderung hermuss. Ab diesem Moment entwickeln sich zwei Kräfte, die zu Beginn noch im Gleichgewicht standen: die „antreibende" und die

---

* Die folgenden Informationen in diesem Abschnitt wurden entnommen aus microtech (): Change-Management. URL: https://www.microtech.de/erp-wiki/change-management/

„widerstrebende" Kraft. Die antreibende Kraft gewinnt an Einfluss, je mehr Analysen, Diskussionen und Informationen über die Veränderung gesammelt werden.

2. **Zweite Stufe Bewegen.** In dieser Ebene besteht, wie oben beschrieben, ein Ungleichgewicht zwischen den beiden Kräften (der antreibenden und der widerstrebenden). Es ist die Ebene, in der die Veränderung umgesetzt wird, was eine Verschlechterung der Leistung herbeiführen kann.

3. **Dritte Ebene** Das **Einfrieren** wird in der dritten und letzten Ebene angewendet. Nachdem die Veränderung eingeführt wurde, muss das Gleichgewicht wiederhergestellt werden. Dies gewährleistet eine positive Veränderung der Leistungen.

Das Modell von Kurt Lewin kann mit dem 7-Phasen-Modell von Richard K. Streich* ergänzt werden. Dieses hilft einem, Veränderungen und Krisen zu bewältigen. Zur besseren Visualisierung dieses Modells habe ich beschlossen, Beispiele anzuführen, die auf meinen persönlichen Erfahrungen und Erlebnissen basieren, um ein besseres Verständnis zu gewährleisten. Kurt Lewin definiert folgende sieben Phasen.

1. Die Erste Phase ist der **Schock**, der Moment, in dem das Ereignis eintritt. Man hat es noch nicht wirklich realisiert oder wahrgenommen, aber man spürt innerlich, dass etwas geschehen ist, auch wenn man es noch verdrängt. Als ich zum Beispiel damals erfuhr, dass ich meinen Job verlieren würde, fiel ich in einen Schockzustand. Ich entschloss mich, eine Zeit lang alles zu verdrängen, um mich mit der Realität nicht

---

* Die folgenden Informationen in diesem Abschnitt wurden entnommen aus microtech (): Change-Management. URL: https://www.microtech.de/erp-wiki/change-management/

konfrontieren zu müssen. Ich hatte Angst, wieder von vorne beginnen zu müssen, und das wollte ich nicht. Ich wusste nicht einmal, ob ich es überhaupt schaffen würde, wenn ich mich dazu entschließen würde. Ich verspürte nur noch eine Leere, als ob alle meine Kräfte mich verlassen hätten. Meine Energie und Produktivität hatten den Tiefpunkt bereits erreicht.

2. Zweite Phase: **Verneinung**. Ich redete mir ein, dass alles nicht wahr sein könne. Es sei doch nur ein Albtraum, aus dem ich bestimmt bald aufwachen würde. Ich hatte Angst vor der Zukunft, ich hätte am liebsten die Zeit und meine Gefühle eingefroren, um nicht mehr denken und fühlen zu müssen. Ich wollte in der Gegenwart verweilen und mir weiterhin einreden, dass alles okay sei.

3. Dritte Phase: Irgendwann kam die **Einsicht**, der Moment, dass mir klar wurde, dass Verneinung und Verschönerung nichts an meiner Situation ändern würden. Ich musste etwas unternehmen, das Problem an der Wurzel packen und mich damit konfrontieren. Es wurde mir klar, dass ich eine Veränderung nicht würde vermeiden können, sondern, dass sie notwendig war. Ich war an einem Wendepunkt angekommen, wo ich anfing, die Veränderung zu akzeptieren, indem ich versuchte, deren positive Seiten zu analysieren und herauszufinden, welchen Mehrwert das für mich im Nachhinein bringen würde.

4. Vierte Phase: Emotionale Akzeptanz. So viele Tränen vergossen und so viel Scham empfunden hatte ich in meinem ganzen Leben noch nicht. Es kam mir zumindest so vor. Bis ich nach einer Weile die Notwendigkeit der Veränderung verstand und beschloss, die positiven Aspekte des Ganzen zu betrachten. Langsam, aber sicher fing ich an, dankbar zu sein. Vor allem für die Freiheit, die ich mir immer gewünscht hatte und die

ich nun besaß. Es wurde mir klar, dass ich frei war und endlich die Zeit und die Gelegenheit nutzen sollte, die mir der Himmel gegeben hatte.

5. Fünfte Phase: **Ausprobieren.** Ich wurde neugierig und spürte neue Energie, als mir klar wurde, dass ich jetzt, in diesem und den darauffolgenden Momenten endlich die ersten Bausteine legen konnte, um meinen Traum zu verwirklichen. An dieser Stelle begann mein Lernprozess. Ich las sehr viele Bücher und bildete mich ergänzend dazu mit Onlinevideos weiter. Ich entwarf Pläne und probierte Szenarien aus.

6. Sechste Phase: **Erkennung.** Es war mir nun klar, dass diese Veränderung etwas Gutes war. Je mehr ich mich in diverse Themen einarbeitete, desto deutlicher wurde mir mein neuer Weg, mein neues Lebensziel. Der Gedanke, endlich mein Lebensziel anzustreben, erfüllte mich. Nun konnte ich den ersten Schritt in die richtige Richtung machen.

7. Siebte Phase: **Integration.** Diese Phase begann, als ich meine neue Vision, sprich die neue Sichtweise komplett in mein Mindset übernahm. Mit dieser neuen Vision veränderten sich auch meine Selbstwahrnehmung und mein Lebensgefühl. Ich akzeptierte die Veränderung nicht nur, sondern verinnerlichte sie. Sie wurden zu einem Teil meiner Person.

Innovation oder innovative Ideen können nur in einer Welt auftreten, in der man bereit ist, das Alte hinter sich zu lassen und etwas Neues und Unbekanntes auszuprobieren. Außerdem bedeutet Wert zu schaffen, flexibel auf jede Anforderung und Änderung zu reagieren. Ein Unternehmer, der also einen Wert für den Kunden schaffen möchte, muss darauf achten, nicht selbst der Störfaktor zu werden, der der Inspiration, der innovativen Arbeit und der Flexibilität im Wege steht. Wer über Flexibilität spricht, muss auch Agilität erwähnen. Diese wird im Folgenden beschrieben.

Agilität hilft dir, einen kontinuierlichen Mehrwert zu erzeugen

Prof. Dr. Oliver Bendel definiert im Wirtschaftslexikon Agilität als „die Gewandtheit, Wendigkeit oder Beweglichkeit von Organisationen und Personen bzw. in Strukturen und Prozessen".* Weiterhin ermöglicht Agilität eine flexible Reaktion auf neue Anforderungen und Ereignisse, die nicht vorhergesehen werden können. Das Lexikon Onpulson definiert den Begriff wie folgt: „Agilität ist die Fähigkeit einer Organisation, flexibel, aktiv, anpassungsfähig und mit Initiative in Zeiten des Wandels und Unsicherheit zu agieren".** Das Konzept der Agilität stammt ursprünglich aus der Produktion und wurde von „Managementgurus" für den Wettbewerbsvorteil empfohlen. Agilität ist demnach die Reaktion oder Antwort auf die Langsamkeit von „bürokratischen Organisationen, veränderten Marktbedingungen zu begegnen".*** In Kapitel 3.1.1 ihrer Veröffentlichung „Basiswissen für Softwareprojektmanager im klassischen und agilen Umfeld" stellen Andreas Johannsen und seine Kollegen unter anderem folgende Leitprinzipien vor, die einem helfen sollen, Agilität in seine Unternehmung oder sein Projekt besser zu integrieren.**** Diese Leitprinzipien sind zugleich die Vorteile einer agilen Unternehmung.

▶ **Schnelles Feedback** Hier geht es darum, so schnell, so oft und so früh wie möglich eine ehrliche Rückmeldung vom Kunden

---

* Die folgenden Informationen wurden entnommen aus Oliver Bendel (2021): Agilität. Gabler Wirtschaftslexikon.
URL: https://wirtschaftslexikon.gabler.de/definition/agilitaet-99882.
** Onpulson Wirtschaftslexikon (2021): Agilität.
URL: https://www.onpulson.de/lexikon/agilitaet/.
*** Ebd.
**** Andreas Johannsen, Anne Kramer, Horst Kostal, Ewa Sadowicz (2017): Basiswissen für Softwareprojektmanager im klassischen und agilen Umfeld. dpunkt, Kap. 3.1.1.

zu bekommen, die als Basis für die weiteren Aktivitäten bezüglich des Produkts, des Service oder der Idee genutzt werden kann.

- ▶ **Inkrementelle Veränderung** Diese ist an jedem Punkt im agilen Wertschöpfungsprozess möglich (ein Beispiel kann hier die detaillierte Wertschaffungskette sein; siehe Kapitel 4.3). Iterativ können Verbesserungen oder Anpassungen vorgenommen werden. Die Wertschöpfung oder Wertschaffung im agilen Kontext ist kein starrer Vorgang bzw. kein reines Abspielen von Aktivitäten.

- ▶ **Qualitätsarbeit** Durch die Einbeziehung des Kunden oder, falls möglich, durch seine enge Integration in jede Aktivität (inklusive seines Feedbacks) wird gewährleistet, dass die Qualität des Produktes, des Service, der Idee etc. während der Implementierung gesichert ist.

- ▶ **Offene Kommunikation** Die Kommunikation oder Interaktion mit den Kunden spielt für die erfolgreiche Identifizierung der Idee, die erfolgreiche Analyse, die Umsetzung, die Optimierung und die Vermarktung der Idee, des Produkts, des Service etc. eine sehr wichtige Rolle. Transparenz ist hier überaus wichtig. Denn nur durch Zusammenarbeit und gemeinsames Verständnis kann der richtige Service, das richtige Produkt, die richtige Idee etc. mit hoher Qualität und Nachfrage implementiert werden.

- ▶ **Akzeptiere Veränderung** Im Zeitalter der Digitalisierung solltest du Veränderungen als Vorteil nutzen, um Innovation für deine Unternehmung zu konzipieren und zu entwickeln.

Nachdem du die echten Bedürfnisse des Kunden in Kapitel 6.3.1 ermittelt hast, diese einer der Kategorien der fünf Grundbedürfnisse aus Kapitel 6.1 zugeordnet hast und nun die Wichtigkeit der Digitalisierung verstehst, geht es im nächste Abschnitt darum, deine Anforderungen durch die Implementierung einer Wertform Gestalt annehmen zu lassen.

Gib deiner Idee einen Wert

Wie oben bereits erwähnt, kann dein Ergebnis eine materielle oder eine immaterielle Form haben.

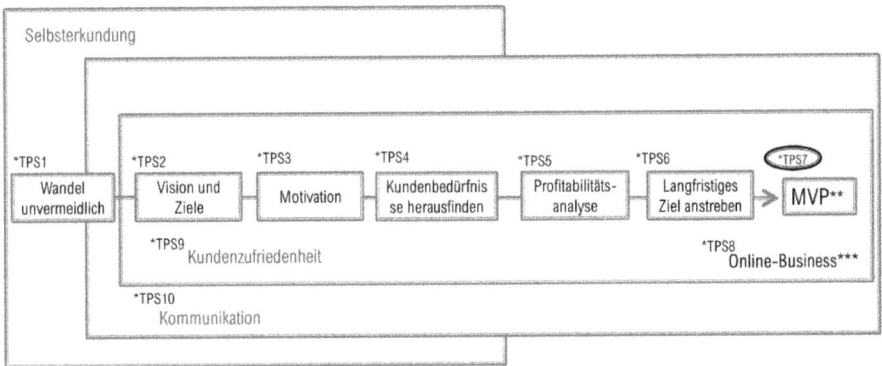

- • * TPS = Teilprozessschritt
- • ** Minimum Value Product/minimal überlebensfähiges Produkt
- • *** Das Online-Business ist optional. Es kann nach der Wertschaffung gestartet werden oder parallel zu dieser.

Abbildung 18: Die Wertschaffung (TPS 7)

Josh Kaufman zufolge kann eine Idee 12 Gestaltungsformen annehmen (siehe Abbildung 19). Die erste Wertform ist das Produkt und die zweite der Service oder auch die Dienstleistung. Alle anderen Wertformen sind unterschiedliche Gestaltungsformen des Service. Diese Formen werden nachfolgend beschrieben[*]:

---

[*] John Kaufman (2014): a. a. O., S. 66–78.

1. Wertform: das **Produkt**. Ein Produkt kann eine materielle (z. B. als Buch) oder immaterielle (z. B. als Software) Form annehmen. Um ein produktorientiertes Unternehmen führen zu können, musst du
   - ein greifbares Produkt schaffen, das in der Lage ist, Kunden zu verführen. Dieses muss mit den geringstmöglichen Kosten produziert werden.
   - Dabei muss die Qualität des Produkts erhalten bleiben. Zuletzt musst du dein Produkt zu einem Preis verkaufen, der so hoch wie möglich ist (abhängig vom Marktpreis).
   - Weiterhin musst du für einen ausreichenden Vorrat sorgen, um deine Bestellungen stets erfüllen zu können.

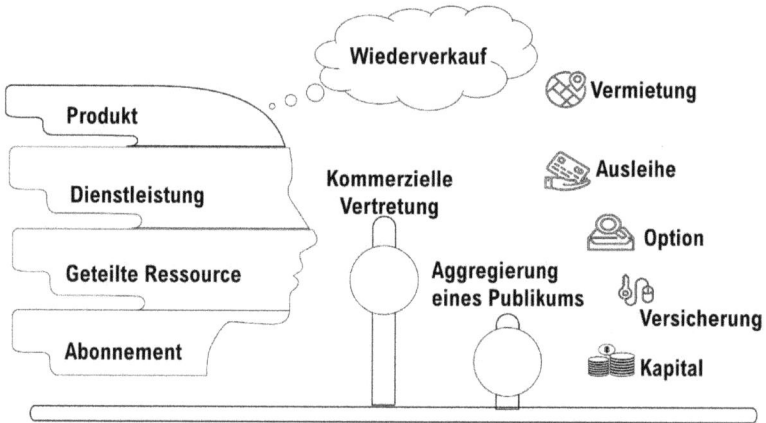

Abbildung 19: Die 12 Wertformen, eigenen Darstellung*

---

* Quelle: ebd.

2. Wertform: **Eine Dienstleistung** besteht darin, jemandem im Austausch gegen eine Vergütung zu helfen. Um eine dienstleistungsorientierte Unternehmung zu führen, musst du
   - über Fähigkeiten oder Talente verfügen, die der Kunde oder die potenziellen Kunden nutzen möchten, die sie aber nicht aus eigener Kraft in die Praxis umsetzen möchten oder können.
   - bei der Umsetzung stets auf Qualität achten, denn dies ist der Faktor, der den Kunden anzieht und darüber entscheidet, ob er sich langfristig bindet. Ein Service kann zum Beispiel eine Beratung sein. Diese kann sich auf unterschiedliche Themen beziehen.

3. Wertform: Die **geteilte Ressource** ist eine gemeinsam genutzte Ressource. Sie ist ein nachhaltiges Gut, das vielen Nutzern zur Verfügung gestellt wird. Die Ressource wird einmalig erzeugt und für die Kunden gegen Bezahlung in Rechnung gestellt. Um eine solche Wertform zu schaffen, musst du
   - eine Anlage erstellen, auf die Kunden Zugriff haben möchten.
   - Weiterhin muss eine größtmögliche Anzahl von Benutzern bedient werden. Dadurch kann die Qualität der individuellen Erfahrung beeinträchtigt werden. Wichtig hierbei ist, eine ausreichende Gebühr festzulegen, die dir ermöglicht, die gemeinsam genutzte Ressource im Laufe der Zeit zu erhalten.

4. Wertform: Ein **Abonnement** bietet eine vordefinierte, für einen bestimmten Zeitraum gültige Leistung im Austausch gegen eine periodisch anfallende Gebühr. Hier besteht immer die Erwartung, dass der Wert auch in Zukunft zur Verfügung steht und die Gebühr bis zur Beendigung des Abonnements bezahlt wird. Um diese Form von Wert zu erzeugen, benötigst du

- einen signifikanten Wert, der an jeden Abonnenten verteilt wird. Dann musst du einen Abonnentenstamm aufbauen und kontinuierlich neue Abonnenten dazugewinnen.
- Abschließend solltest du periodisch eine Rechnung ausstellen, um jeden Abonnenten so lange wie möglich zu binden.

5. Wertform: Der **Wiederverkauf** bedeutet beispielsweise, eine Ware von einem Großhändler zu einem Großhandelspreis zu kaufen und sie dann zu einem höheren Preis an einen Einzelhändler weiterzuverkaufen. Diese Einzelhändler sollten so schnell wie möglich gefunden werden, um Lagerkosten zu vermeiden.

6. Wertform: die **Vermietung.** Bei der Vermietung erwirbt eine Person eine Immobilie und gestattet einer anderen Person, sie zu einem bestimmten Preis zu nutzen. Um einen solchen Wert zu schaffen,
- musst du ein Gut haben, das andere wollen, und den Nutzen dieses Gutes jemandem ermöglichen, der deine Bedingungen akzeptiert.
- Zuletzt solltest du dich gegenüber unvorhergesehenen Ereignissen oder ungünstigen Umständen wie Verlust oder Beschädigung des Eigentums absichern.

7. Wertform: **Handelsvertretung.** Die Handelsvertretung umfasst die Vermarktung und den Verkauf eines Wertgegenstandes, den du nicht besitzt. Aus diesem Grund allein arbeitest du mit einer Person zusammen, die Wert bietet. Um einen solchen Wert schaffen zu können,
- muss ein Verkäufer gefunden werden, der etwas Wertvolles zu verkaufen hat.
- Dann musst du mit potenziellen Käufern Kontakt aufnehmen und mit ihnen ein Vertrauensverhältnis aufbauen. Anschließend muss so lange verhandelt werden, bis eine

Einigung über die Verkaufsbedingungen erzielt wird und die Provision zwischen dir und dem Verkäufer vereinbart wird.

8. Wertform: **Öffentliche Zusammenführung**. Bei dieser Wertform geht es darum, die Aufmerksamkeit einer Gruppe von Personen mit ähnlichem Charakter auf sich zu lenken und dann den Zugang zu dieser Öffentlichkeit an einen Dritten zu verkaufen. Um einen solchen Wert zu schaffen, musst du

   – eine Gruppe von Personen mit einem gemeinsamen Merkmal oder Interesse identifizieren und einen Weg finden, um ständig und nachhaltig Aufmerksamkeit zu erzeugen.

   – Dann muss ein Weg gefunden werden, um ständig und nachhaltig Aufmerksamkeit zu erzeugen. Zuletzt muss ein Dritter gefunden werden, der die Aufmerksamkeit dieses Publikums erkaufen möchte und den Zugang zu dieser Öffentlichkeit verkauft.

9. Wertform: Ein **Darlehen** oder eine **Kreditaufnahme** ist eine Vereinbarung, die es einem Kreditnehmer erlaubt, eine bestimmte Menge an Ressourcen für einen bestimmten Zeitraum zu nutzen. Im Gegenzug muss der Kreditnehmer dem Kreditgeber über einen bestimmten Zeitraum Zahlungen in Raten leisten, die dem ursprünglich geliehenen Betrag zuzüglich eines im Voraus festgelegten Zinssatzes entsprechen. Um diese Form von Wert zu schaffen, ist es notwendig,

   – genug Geld zu haben, das man verleihen kann, und Menschen zu finden, die sich dieses Geld leihen wollen.

   – einen Zinssatz festzulegen, der für den von dir aufgenommenen Kredit ausreicht und dich vor der Möglichkeit schützt, dass der Kreditnehmer den Kredit nicht zurückzahlt.

10. Wertform: Die **Option** oder **Möglichkeit** gibt dir das Recht und führt nicht zu der Pflicht, gegen Bezahlung innerhalb eines bestimmten Zeitraums etwas Bestimmtes im Voraus zu tun. Durch die Zahlung eines Geldbetrags gibst du dem Käufer das Recht, bis zu einem bestimmten Termin etwas zu tun, zum Beispiel eine Ausstellung zu besuchen, eine Immobilie zu erwerben, eine Reise zu unternehmen usw. Um einen solchen Wert zu schaffen, ist es notwendig,
    — etwas zu identifizieren, was Einzelne in Zukunft tun könnten.
    — den Käufern die Möglichkeit zu bieten, diesen Schachzug innerhalb einer im Voraus festgelegten Frist zu realisieren.
    — die Frist für die Durchführung der vereinbarten Aktion einzuhalten.

11. Wertform: Die **Versicherung** impliziert einen Risikotransfer vom Käufer auf den Verkäufer. Als Gegenleistung für eine Zahlung, zum Beispiel in Form einer Prämie, übernimmt der Käufer das Schadensrisiko gegenüber dem Versicherer. Wird das fragliche Risiko realisiert, ist es Sache des Versicherers, die Rechnung zu bezahlen und den Versicherten zu entschädigen. Wird das Risiko nicht realisiert, behält der Versicherer das Geld des Versicherers, um einen solchen Wert zu schaffen:
    — Du musst einen Vertrag mit dem Versicherer abschließen, durch den du das Risiko übernimmst, dass der Schaden realisiert wird.
    — Du musst das Risiko des Schadenseintritts anhand der verfügbaren Daten abschätzen.
    — Du musst die vom Versicherten festgelegten und bezahlten Beträge einziehen.
    — Du musst schließlich den Versicherer entschädigen, falls das Risiko eintritt.

12. Wertform: Das **Kapital** ist die zwölfte und letzte Wertform, die hier präsentiert wird. Dieses beschreibt den Erwerb einer Beteiligung an einem Unternehmen. Diejenigen, die investieren, helfen den Firmeninhabern, ihr Geschäft zu erweitern oder neue Märkte zu erschließen. Um einen solchen Wert zu schaffen, ist es notwendig:
    - Ressourcen für Investitionen zur Verfügung zu haben.
    - ein Unternehmen zu finden, in das du bereit bist zu investieren.
    - den gegenwärtigen und zukünftigen Wert und das Risiko eines Konkurses dieses Unternehmen einzuschätzen und zuletzt die Verhandlungen über das Kapital, das du im Austausch für deine Investition erhalten hast, abzuschließen.

Damit hast du nun das minimal überlebensfähige Produkt für deinen Kunden. Mit diesem kannst du die Nachfrage mithilfe des Feedbacks vom Kunden abschätzen und dein Ergebnis oder deine Wertform mithilfe der neu definierten Anforderungen oder Kundenbedürfnisse verbessern. Das Fluency-Modell, welches im Weiteren dargestellt wird, bietet dir bereits zu Beginn den bestmöglichen Wert für deine Unternehmung (siehe Abbildung 20). Das 3-Horizonte-Modell soll dich stets daran erinnern, dich nicht nur auf den ersten Horizont zu konzentrieren, sondern auch darauf zu achten, dass die beiden anderen Horizonte nicht zu kurz kommen. Denn sie stellen sicher, dass der Umsatz, welcher im ersten Horizont generiert wird, nie endet.

Das Fluency-Modell

Das „Agile Fluency Model", das von Diana Larsen und Jim Shore erstellt wurde, „verwendet das Erlernen einer Sprache als

Metapher", um „Agilität" einzuführen[*] (zum Begriff der Agilität siehe Kapitel 6.4.2.1).

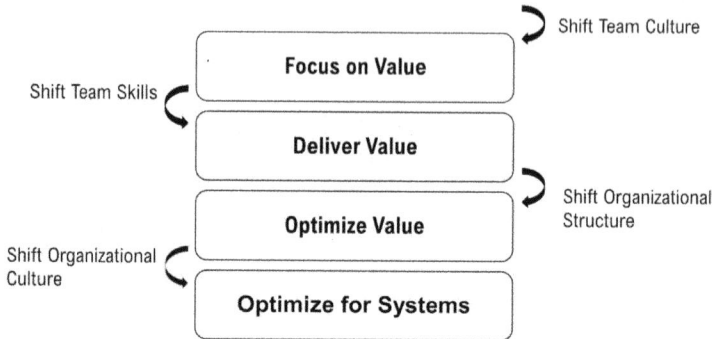

Shift Team Culture

Focus on Value

Shift Team Skills

Deliver Value

Optimize Value

Shift Organizational Structure

Shift Organizational Culture

Optimize for Systems

Abbildung 20: Agile Fluency Modell[**]

Um diese Methode anwenden zu können, solltest du vorab, wie in Kapitel 5.1 beschrieben, ein klares Bild über deine Vision des Lebens haben. Darüber hinaus solltest du im Stande sein, eine oder mehrere ausbaufähige Ideen zu generieren (siehe Kapitel 5.2); dies sind meines Erachtens die wichtigsten Voraussetzungen. Dieses Modell verschafft dir Transparenz darüber, welches Ziel du mit deiner Unternehmung verfolgst. Dabei solltest du gezielt auf die vier Zonen oder Ebenen des Fluency-Modells achten, die nun beschrieben werden[***]:

[*] Jürgen Hoffmann, Stefan Roock (2018), a. a. O., Kap. 1.2.
[**] Quelle: ebd.
[***] Ebd.

- **„Focus on Value":** Im Zentrum dieser Ebene bzw. Zone steht der Mehrwert. In Kapitel 5.2.1.1 hast du mit der Brainstorming-Methode eine Idee priorisiert, mit der du nun durchstarten möchtest. Mithilfe der Persona hast du nun endlich die Stellvertreterin deiner Zielgruppe definiert. Diese stellt deinen perfekten Kunden dar, sodass deine Unternehmung jetzt aufgebaut werden kann. Wir haben also eine Idee und sind gerade dabei, einen Weg zu finden, um diese zu verwirklichen. Am Ende dieses Weges steht ein Ergebnis oder auch ein Mehrwert, der materiell wie ein Buch oder immateriell wie eine E-Book sein kann. Durch die Vermarktung oder den Verkauf dieses Ergebnisses gelangst du endlich auf den Markt. Dieses Ereignis ist der Zeitpunkt, an dem dein Produkt endlich von anderen gekauft werden kann. Hier geht es darum, die eingesammelten Bedürfnisse des Kunden bewusst für den Erfolg deiner Unternehmung umzusetzen. Der Mehrwert wird in diesem Buch unter Beachtung von TPS1 bis TPS7 (siehe Kapitel 5–6) geschaffen. An dieser Stelle befindest du dich momentan, du hast für deine Zielgruppe bzw. deine potenziellen Kunden nun den MVP geschaffen.
- **„Deliver Value":** Die zweite Zone legt den Fokus auf die Lieferung des Wertes für den Kunden. Nachdem auf der ersten Ebene das minimal lauffähige Produkt erstellt wurde, musst du es nun an den Kunden vermarkten oder anders ausgedrückt, es ausliefern. Achte darauf, stelle sicher, dass du dem Kunden in regelmäßigen Abständen einen Mehrwert bietest.
- **„Optimize Value":** In dieser Zone muss der Kundenwert – der Mehrwert, den du deinem Kunden geben möchtest – verbessert und optimiert werden. Es muss herausgefunden werden, welche Eigenschaften oder Funktionen für den Kunden wirklich wertvoll sind. Um dazu die richtigen Entscheidungen treffen zu können, benötigst du den Kunden.

Deinen Mehrwert kannst du durch regelmäßiges Feedback optimieren. Eine andere Strategie besteht darin, den Kunden von Anfang an als Partner in deine Unternehmung zu integrieren.

► **„Optimize for System":** Das System steht hier stellvertretend für deine Unternehmung. Hier geht es darum, mithilfe von Innovationen deinen bereits entwickelten Mehrwert oder dein Ergebnis zu verbessern. Du musst demzufolge gegenüber Veränderungen offen sein, stets bereit, Neues auszuprobieren, auch wenn dies eine Veränderung deiner ursprünglichen Ziele, deiner Vision oder Idee impliziert.

Die Reihenfolge der Punkte des Modells, wie sie hier präsentiert wurden, muss nicht respektiert werden. Sie können nacheinander, wie hier dargestellt, oder durcheinander durchlaufen werden.[*] Mit dem Fluency-Modell wird hervorgehoben, den Wert für den Kunden sowie den Kunden selbst in den Fokus zu stellen. Wichtig ist hier, dass der Kunde jedes Mal direkt oder indirekt miteinbezogen wird. Um noch einmal auf unsere detaillierte Wertschaffungskette zu kommen, ist es von Bedeutung, nach jedem Durchlauf der detaillierten Wertschaffungskette deine Motivation und Ziele zu überprüfen, sie neu zu bewerten und zu aktualisieren. Damit die geschäftliche Rechtfertigung, welche in Form eines Business Case dokumentiert wurde, stets auf dem neuesten Stand ist. Vergiss bitte nicht, deine Erfahrungen (Lessons Learned) aufzuschreiben, um im nächsten Durchlauf des Prozesses deine Abläufe verbessern zu können.

Im nächsten Kapitel wird auf das Thema Online-Business eingegangen. Dies soll dir helfen, besser zu verstehen, warum das

---

[*] Jürgen Hoffmann, Stefan Roock (2018), a. a. O., Kap. 1.2.

Thema Agilität für den heutigen Unternehmer nicht mehr weg-zudenken ist und warum heute jeder mit der Zeit gehen und sei-ne Produkte, seinen Service etc. auch online vermarkten sollte, um seinen Gewinn zu maximieren.

Starte dein Online-Business

Durch die Digitalisierung gewinnt das Online-Business mehr und mehr an Bedeutung. Überall und in jeder Branche wird alles automatisiert. Begriffe wie SaaS, Cloud-Computing, Onlinemarketing, Online-Akquisition, Online-Business etc. bezeichnen solche Formen von Dienstleistungen. Mit der Digitalisierung ist auch die Komplexität gestiegen. Die bisher verwendeten Verkaufs-, Werbe-, Kundengewinnungsmethoden etc. stoßen an ihre Grenzen. Innovation muss her! Es werden Online-Strategien benötigt, die flexibler und schneller auf die Anforderungen der Kunden, der Märkte und die sich ständig verändernden Bedürfnisse reagieren. Die Herausforderung, die sich Unternehmen mit der Digitalisierung stellen, besteht darin, dass der Wert oder das Ergebnis, das sie anbieten, sehr einfach von der Konkurrenz oder vom Wettbewerb imitiert werden kann. Dies erschwert die Differenzierung und Abgrenzung. Die Frage, die viele Unternehmen beschäftigt, ist zu eruieren, wie in Zeiten der Digitalisierung Aufmerksamkeit geschaffen werden kann. Was muss ein Unternehmer tun, um eine langfristige Kundenbindung zu erreichen? Meine Antwort auf diese Frage ist: Gründe ein kundenorientiertes Online-Business.

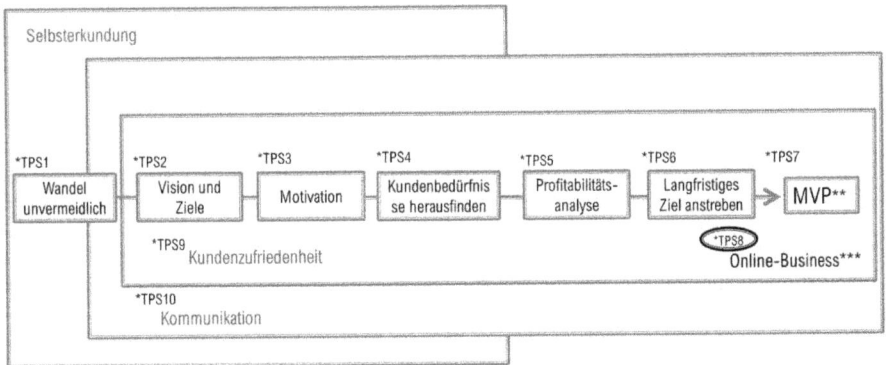

- • * TPS = Teilprozessschritt
- • ** Minimum Value Product/minimal überlebensfähiges Produkt
- • *** Das Online-Business ist optional. Es kann nach der Wertschaffung gestartet werden oder parallel zu dieser.

Abbildung 21: Online-Business (TPS8)

Um für deine Kunden durch ein Online-Business Wert schaffen zu können, sind ein paar wichtige Aktivitäten notwendig. Ich habe dir in Kapitel 7.2 wichtige Schritte aufgelistet, die dir beim Aufbau deines Online-Business helfen werden. In diesem Buch geht es um die Wertschaffung. Die Schaffung eines auf den Kunden zugeschnittenen verkaufbaren Ergebnisses oder Mehrwerts hilft dir, deinen Umsatz zu maximieren, und verlängert zugleich die Dauer deiner Kundenbeziehung (siehe Kapitel 3.1). Um online Umsätze generieren zu können, musst du einen Weg finden, deine Kunden auf dich aufmerksam zu machen, und eine Strategie entwickeln, sie langfristig an dich zu binden.

Alles, was du wissen musst, um in das Online-Business einzusteigen

Das Modell „Customer-Lifecycle-Management" von Keukert und Kollewe[*], das 2016 veröffentlicht wurde, veranschaulicht dir im „Kundenlebenszyklus" (siehe Abbildung 22) kurz und knapp den Kreislauf, den du im besten Fall mit deiner Zielgruppe durchlaufen solltest, um eine langfristige Bindung zu gewährleisten. Es ist auch eine Art Kontrolle, die ich dir dadurch mit auf den Weg gebe, um kontinuierlich zu prüfen, ob dein Prozess dir am Ende treue Kunden einbringt. Der Kundenbindungsprozess ist in fünf große Schritte unterteilt: Zielgruppe, Marketing, Vertrieb, Kundenservice, Wachstum und Kundenbindung. In jeder dieser Phasen werden unterschiedliche Maßnahmen unternommen, von der Identifizierung der Zielgruppe über die Produktentwicklung, die Vermarktung, die Kundengewinnung bis zur Sicherstellung der Zufriedenheit im gesamten Kundenlebenszyklus. Im Weiteren werden die einzelnen Phasen des Lebenszyklus kurz beschrieben.

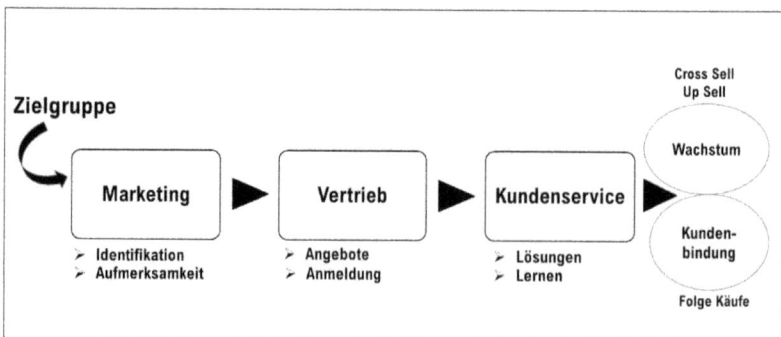

Abbildung 22: Customer-Lifecycle-Management, eigene Darstellung[**]

---

[*] Tobias Kollewe, Michael Keukert (2016): Praxiswissen E-Commerce. dpunkt.
[**] Quelle: ebd., Kap. 15.

Nachdem eine Zielgruppe für ein Produkt definiert wurde, wird das Marketing eingesetzt, um neue Kunden anzulocken. Je länger die Kunden das Angebot nutzen, desto wertvoller werden sie für deine Unternehmung. Im Customer-Life-Cycle wird das meiste Geld zur Akquisition von neuen Kunden ausgegeben. Im Vertrieb werden die Angebote verkauft. Diese Phase umfasst ein Drittel des Lebenszyklus. Nachdem der Kunden den Service gekauft hat, ist der Kundenservice dafür zuständig, die Zufriedenheit des Kunden weiter zu fördern, indem während des Supports eine gute Kundenbetreuung angeboten wird.[*] Ein weiterer wichtiger Analysepunkt sind die einzelnen Schritte bzw. die dabei gemachten Erfahrungen, die der Kunde mit deiner Marke sammelt, bis er sich letztendlich zum Kauf entschließt. Dies nennt man die „Customer Journey". Das ist das Thema des nächsten Abschnittes. Wenn du herausfindest, warum deine Produkte für den Kunden einen Mehrwert darstellen, kannst du diese wertvolle Information verwenden, um noch mehr Wert zu schaffen.

Die Customer Journey

Wenn du eine erfolgreiche Unternehmung führen möchtest (siehe ausführlich dazu Kapitel 3.1), müssen alle deine Aktivitäten kundenorientiert sein. Kundenorientiertheit bedeutet, dass die Schaffung des Mehrwertes für den Kunden als eine kontinuierliche Verbesserung des Prozesses (KVP) festgelegt werden sollte. Der Kunde sollte im Fokus jeder Aktivität stehen. Um dies zu gewährleisten, solltest du alle Berührungspunkte („Touchpoints"), die deine potenziellen Kunden mit deiner Marke haben,

[*] Ebd.

analysieren, dokumentieren und daraus eine Strategie ableiten. In seinem Artikel „Was ist Customer-Journey"[*] definiert Olaf Kopp Touchpoints als „Wahrheitsmomente". Laut Herrn Kopp stellen Touchpoints die vielen Berührungspunkte dar, die ein potenzieller Kunde mit einem Unternehmen hat. Sie entstehen jedes Mal, wenn ein Kunde mit einer Marke, einem Service oder einem Unternehmen interagiert. Die Summe der Berührungspunkte wird unter dem Begriff „Customer Journey" (Kundenreise) zusammengefasst. Die Customer Journey beschreibt die einzelnen Phasen, die vom Kunden durchlaufen werden, bis er sich entscheidet, ein Produkt zu kaufen. Wenn ein Unternehmen herausfindet, was den Kunden zum Kauf motiviert, kann dies seine Kundenzufriedenheit und somit die Kundenloyalität erhöhen. Die unterschiedlichen Touchpoints, die der Kunde in der Customer Journey durchläuft, haben einen emotionalen Einfluss auf seine „Customer Experience". Diese wird als Nächstes thematisiert.

Customer Experience

Mit der Customer Experience wird das Erlebnis des Kunden mit einer Marke beschrieben. Jedes positive Erlebnis, das der Kunde mit der Marke oder dem Angebot macht, erhöht die Customer Experience. Mit der Customer Experience werden der Kunde und sein Konsum sowie seine Bedürfnisse in den Vordergrund gestellt. Mithilfe der Experience können die Touchpoints nach den Kundenwünschen optimiert werden. Da die Experience die Kaufentscheidung des Kunden beeinflusst, muss sich das Unternehmen

---

[*] Olaf Kopp (2018): Customer Journey einfach erklärt. URL: https://www.sem-deutschland.de/inbound-marketing-agentur/online-marketing-glossar/customer-journey/.

nach dieser richten, um die Kundenzufriedenheit zu erhöhen. Ein Unternehmen, das wachsen möchte und gleichzeitig anstrebt, die Abwanderung von Kunden zu minimieren, sollte demnach das Prinzip der Customer Journey anwenden.* ** Der zentrale Fokus liegt also darauf, Angebote für deine ausgewählte Zielgruppe zu implementieren. Oben haben wir bereits gelernt, mit welchen Fragen und für welche Ideen potenzielle Zielgruppen identifiziert werden können (siehe Kapitel 5.2.1.2). Weiterhin wurde eine Persona erstellt, die stellvertretend für unsere Zielgruppe ist. Mit diesen Informationen im Hinterkopf werden nun die Basisinformationen zum Aufbau eines Online-Business vorgestellt.

Deine ersten Schritte im Online-Business

Zu Beginn deiner Unternehmung solltest du erst einmal einen kleineren Markt fokussieren. Im Fachjargon nennt man dies „Marktnische". Eine Marktnische ist ein kleiner Marktanteil, der einem größeren Markt zugeordnet ist. Warum empfehle ich dir, dich zunächst auf einen kleinen Marktanteil zu konzentrieren? Weil du dort leichter eine Marktführung erzielen kannst und so der einzige Anbieter in den Köpfen deiner angestrebten Zielgruppe werden kannst. Um ein erfolgreiches Online-Business aufbauen zu können, solltest du alle Aktivitäten, die in der Abbildung 23 illustriert sind, umsetzen.

---

* Thies Schäfer (2020): Customer-Journey & User Journey einfach erklärt: Definition. Modelle & FAQ. URL: https://www.kobaltblau.de/themen/it-digital-strategie/customer-journeys-beeinflussen-die-it-strategie/..
** Olaf Kopp (2017), a. a. O.

Abbildung 23: Zyklus zur Erstellung eines Online-Business, eigene Darstellung

Wie Abbildung 23 entnommen werden kann, besteht die erste Aktivität beim Aufbau deines Online-Business darin, einen verkaufbaren Wert zu erzeugen. Auf diesen Punkt gehe ich an diese Stelle nicht mehr ein, da du durch Anwendung der detaillierten Wertschaffungskette seit Kapitel 5 deinen minimalen verkaufbaren Wert kreiert und diesen im letzten Kapitel vollendet hast (siehe Kapitel 5–6). In diesem Kapitel möchte ich dir die Grundlage des Online-Business erklären, damit du deinen minimal verkaufbares lauffähiges Produkt (MVP) online betreiben kannst, um deinen Gewinn zu maximieren.

Wenn du nach deinem ersten Durchlauf der Meinung bist, dass dein MVP noch ausbaufähig ist, kannst du die detaillierte Wertschaffungskette ab Kapitel 5 noch einmal durchlaufen. Tatsache ist jedoch, dass dein Wert erst nach mehreren Iterationen oder Durchläufen für dich besser werden wird. Die Betonung liegt hier auf „für dich", denn es zählt hier, wie erwähnt, allein die Meinung deines Königs, des Kunden. Nur er kann durch das Ausprobieren des Prototyps Verbesserungsvorschläge in Form von unzufriedenen Rückmeldungen geben. Aus diesem Grund bin ich der Meinung, dass es nichts bringt, die Vermarktung deines MVP so lange zu hinauszuzögern, bis es Perfektion erreicht. Gehe also mit deinem MVP auf den Markt und erkläre deinen Kunden, dass es ein Prototyp ist, der nach und nach mithilfe seines Feedbacks verbessert wird. Sei transparent gegenüber deinen Kunden, indem du sie in alle deine Entscheidungen miteinbeziehst, so auch in die Preissetzung. Bei deiner Preissetzung solltest du berücksichtigen, dass dein Produkt noch nicht vollendet ist.

Ich fahre nun mit der nächsten Aktivität fort.

Eine eigene Homepage aufbauen oder lieber eine bestehende mieten?

Du solltest dich entscheiden, ob du dein erschaffenes Ergebnis oder einen Mehrwert über eine eigene entwickelte Website vertreiben oder ob du lieber eine bestehende Plattform mieten möchtest.

Ich empfehle dir als angehender Unternehmer, wie auch der Gründer von Neclion (siehe Kapitel 2), bestehende Plattformen wie beispielsweise Amazon, Ebay, Shopify etc. zu nutzen, die sich bereits auf dem Markt etabliert und bewährt haben. Diese

Verkaufskanäle ermöglichen dir einen sofortigen Verkauf deiner Angebote. Dabei kannst du ihre schon vorhandenen Kunden sofort mitnutzen. So sparst du zumindest zu Beginn deiner Unternehmung viel Werbungsaufwand. Langfristig empfehle ich dir jedoch, eine eigene Seite aufzubauen. Dazu gibt es auf dem Markt sehr gute und preiswerte Anbieter, wie beispielsweise WordPress. Diese „Content-Management-Systeme" ermöglichen dir, ohne technische oder fachspezifische Kenntnisse eine eigene Website, einen Blog, einen E-Shop etc. zu erstellen und zu pflegen. Ich empfehle dir jedoch, dich auf deine Kernkompetenzen zu konzentrieren und diese Aktivität auszulagern, denn ohne Vorkenntnisse wird es sehr zeitraubend sein. Durch die Auslagerung musst du dir keine Gedanken mehr darüber machen und kannst dich auf wichtigere Aktivitäten, die dein Business voranbringen, fokussieren. Weiterhin gibt es gehostete Baukastensysteme, wie zum Beispiel Jimdo, Wix etc., bei denen du gegen eine Abogebühr eine Homepage anmieten kannst. Ich empfehle jedoch ein Content-Management-System wie WordPress, das zusätzlich einen eigenen Server oder ein Webhosting-Paket anbietet. Nach der Erstellung des Shops muss dieser genau wie ein normales Geschäft regelmäßig gepflegt werden. Hier müssen den Kunden neben hochwertigen Bildern vom Produkt alle erdenklichen Informationen dazu angeboten werden.

Wenn du dich für eine Verkaufsplattform wie Amazon oder Ebay entscheidest, ist das Erstellen einer eigenen Website vergleichsweise günstig, aber du musst dich auch mit den Konditionen der jeweiligen Plattform anfreunden. Ganz risikofrei sind auch diese nicht, aber du kannst deine Produkte hier sofort international einer vielfältigen Zielgruppe anbieten.

Die nächste Aktivität, die hier beschrieben wird, ist „Traffic oder Verkehr generieren". Im Fachjargon werden eher die englischen

Begriffe „Audience" oder „Traffic" verwendet, ins Deutsche über-setzt bedeutet der Begriff „Verkehr".

Traffic oder Verkehr generieren

Verkehr, oder englisch **Traffic,** ist meines Erachtens die wich-tigste Aktivität dieses Zyklus, denn ohne Verkehr gibt es keinen Umsatz und ohne Umsatz kannst du deine Unternehmung nicht weiterführen.

Versuche deshalb, genug Verkehr auf deine eigene Homepage zu ziehen, um weitere Kommunikationskanäle zu ermöglichen. Im engeren Sinnen kann schon von Verkehr oder auch Traffic gesprochen werden, wenn Menschen deine Website besuchen, damit ist das „Nutzeraufkommen" einer Homepage gemeint. Der Traffic kann durch diverse Arten von Suchmaschinen er-höht werden. Je mehr Menschen deine Homepage kennen, desto mehr Traffic bekommst du. Als Online-Business-Betreiber sollte dies dein oberstes Ziel sein. Je mehr Verkehr du auf deine Home-page ziehst, desto erfolgreicher ist sie. Wenn du diesen Verkehr längerfristig an dich binden möchtest, empfehle ich dir, eine E-Mail-Liste anzulegen. Wie du diese Liste am besten erstellst, er-kläre ich dir im nächsten Abschnitt. Die folgenden Traffic- oder Verkehrsquellen kannst du nutzen, um gezielt Aufmerksamkeit auf dich zu ziehen:

▶ **Suchmaschinen (engl.: Search Engines)** Jemand gibt den Link deiner Website über Suchmaschinen, wie zum Beispiel Goog-le, ein.
▶ **Direkter Verkehr (engl.: traffic)** Jemand gibt den Link deiner Website direkt über den Browser ein.

▶ **Empfehlungen (engl.: referrals)** Eine Empfehlung findet statt, wenn ein Kunde für deine Angebote in seinem Umfeld via Mundpropaganda wirbt.

▶ **Soziale Medien** Soziale Netzwerke wie Facebook, Instagram, Snapchat, YouTube etc. sind Plattformen, die du nutzen kannst, um Menschen auf deine Homepage aufmerksam zu machen.

Die oben genannten Traffic-Quellen kannst du verwenden, um mehr Leute auf deine Homepage aufmerksam zu machen. Wenn du mehr Leute dazu bringen möchtest, deine Homepage nicht nur zu besuchen, sondern die dort angebotenen Produkte zu kaufen, musst du an deinem Content oder Inhalt arbeiten. Über den Content kannst du deinen potenziellen Kunden deine Expertise demonstrieren. Diese kannst du nur dann ausbauen, wenn du dich weiterbildest. Deine potenziellen Kunden können dir nur dann vertrauen, wenn dein Inhalt für sie eine Inspiration darstellt. Wenn deine potenziellen Kunden von deiner Expertise überzeugt sind, kaufen sie nicht nur deine Produkte, sondern sie werben auch in ihrem Umfeld dafür (Referrals). Der Content, den du regelmäßig veröffentlichst, muss einen großen Mehrwert haben. Folgende Medien können dir dabei helfen:

▶ **Blog** Der Blog ist vergleichbar mit einem Magazin, nur dass dieser von dir geführt wird. Es ist dein eigenes Magazin, das du im Internet betreibst. Versuche deine Artikel zielorientiert zu schreiben. Behalte, wie oft schon gesagt, den Mehrwert, den du für deine potenziellen Kunden schaffen möchtest, stets im Hinterkopf.

▶ **Podcast** Hier veröffentlichst du deine eigenen Audios. Postcast ist deine eigene Radiosendung. Vorteilhaft an Postcasts ist, dass deine potenziellen Kunden sie auch offline über ihr

Handy hören können. Zudem sind Postcasts einfach herzustellen.

Werbung für die eigene Homepage und somit für die eigenen Angebote zu schalten ist immer hilfreich. Doch solltest du darauf achten, dass du für jeden bezahlten Euro, den du in Werbung investierst, mindestens das Doppelte oder Dreifache zurückbekommst. Auch die Investition in Werbung muss so lange getestet werden, bis man die richtige Zielgruppe erreicht. Facebook bietet uns dazu eine große Diversität an Kennzahlen, die einem ermöglichen, dem Fortschritt und Erfolg jeder Werbekampagne zu folgen. Jede Veränderung kann sich positiv oder negativ auf die Rendite auswirken.

Es muss dir klar sein, dass eine Investition in eine Werbekampagne nicht automatisch und sofort Käufer anzieht. Du wirst am Anfang sehr frustriert sein, dass dein investiertes Geld noch keinen Gewinn generiert, aber gib nicht auf. Auch auf Plattformen wie Facebook, die einem ermöglichen, eine große Reichweite an potenziellen Kunden zu erreichen, muss trotzdem iterativ eine Lernkurve durchlaufen werden, bis die richtige Zielgruppe gefunden ist. Man muss einfach unterschiedliche Werbekampagnen ausprobieren. Achte aber darauf, dass deine Kampagne anfangs nicht mehr als einen Euro kostet, sonst wird es teuer!

Weiterhin unterscheidet man folgende zwei Verkehrs- bzw. Traffic-Arten:

- ▶ **bezahlten Traffic** hierzu zählt unter anderem Google Adwords (Werbeprogramm von Google und Facebook).
- ▶ **unbezahlten Traffic** Beispiele für kostenlosen Traffic sind soziale Medien wie Facebook, Instagram oder YouTube sowie Referrals (Mundpropaganda) oder Links zur eigenen Homepage.

Wenn deine Unternehmung sich auf dem Markt etabliert hat, solltest du an deiner E-Mail-Liste arbeiten, in der, wenn möglich, alle deine Kunden aufgeführt sind. Diese Liste solltest du verwenden, um eine langfristige, auf Vertrauen aufgebaute Beziehung aufrechtzuerhalten. Diese wird dir helfen, mit der Zeit die Wünsche, Bedürfnisse oder Anforderungen deiner Kunden kennenzulernen. Dies erläutere ich im nächsten Abschnitt.

Eine E-Mail-Liste aufbauen

Der Aufbau einer **E-Mail-Liste**, auf Englisch **Listbuilding**, ist der effektivste Kommunikationsweg mit deiner ausgewählten Zielgruppe. Sie hilft dir, eine Beziehung und Vertrauen zu deinen Kunden, deinen Abonnenten, aufzubauen.

Alle Kontakte, die sich in deiner E-Mail-Liste befinden, gehören dir. Deine E-Mail-Liste muss mit der Zeit zu deinem größten „Asset" werden. Kunden, die dir ihre E-Mail-Adresse geben, vertrauen dir und wollen mit dir eine Beziehung eingehen. Für den Aufbau deiner E-Mail-Liste ist es zwingend notwendig, E-Mail-Marketing zu betreiben, denn niemand wird sich so einfach in eine solche Liste eintragen. Dazu musst du deinen Kunden ein zusätzliches Angebot machen, im Austausch gegen die E-Mail-Adresse. Dieses zusätzliche Angebot nennt sich „Lead Magnet". Es ist ein zusätzliches hochwertiges Produkt, das einer Interessengruppe im Austausch gegen ihre Kontaktdaten angeboten wird. Dieses Angebot muss keine Verbindung mit dem eigentlich auf deiner Homepage angebotenen Produkten haben, es muss nur speziell auf die Interessengruppe zugeschnitten sein und ein wesentliches Problem lösen oder zur dessen Lösung beitragen. Hier sind ein paar Lead-Magnet-Beispiele[*]:

- PDF-Checkliste
- E-Books
- Arbeitsblätter
- Hörbücher
- Webinare
- Coaching (über Telefon, persönlich etc.)
- Minikurse
- Selbsterstelltes, auf den Kunden zugeschnittenes YouTube-Video

Um diese Beziehung aufrechtzuerhalten, solltest du über diese Liste regelmäßig einen mehrwertigen Content bzw. Inhalt verteilen. Nur so können deine Kunden beurteilen, ob deine Angebote qualitativ hochwertig sind. Dein Lead Magnet muss spezifisch, relevant, kurz, klar, konsistent etc. sein. In dieses Angebot solltest du sehr viel Aufwand investieren, damit eine hochwertige E-Mail-Liste aufgebaut wird. Wichtig ist hier zu erwähnen, dass du die E-Mail nicht von deinem privaten Postfach aus versenden solltest. Es gibt zahlreiche Anbieter auf dem Markt, die dir ermöglichen, Massen-E-Mails zu verschicken. Anbieter für E-Mail-Marketing sind zum Beispiel:

- Aweber
- Sendinblue
- MailChimp
- ActiveCampaign

[*] Content Marketing Star (2021): Leadmagnet.
URL: https://content-marketing-star.de/glossar/leadmagnet/.

- ▶ GetResponse
- ▶ Infusionsoft

Diese Dienste ermöglichen dir auch, einen „Autoresponder", auf Deutsch eine automatische E-Mail-Serie, zu versenden (Willkommen-Autoresponder, Kunden-Autoresponder etc.).

An dieser Stelle möchte ich noch einmal betonen, dass im Fokus dieser Aktivität der Aufbau der Beziehung zu deinen Kunden steht. Um eine Interaktion zu gewährleisten, solltest du in deinem Autoresponder oder Newsletter den Kunden um Feedback bitten. Durch die Nachfrage nach einem Feedback vermeidest du ein passives Verhalten der Kunden und schaffst zugleich einen Austausch. Versuche dabei stets deine Hilfe anzubieten und die Werbung deiner Angebote auf ein Minimum zu reduzieren, damit der Kunde dich bei jedem Austausch als positiv und hilfsbereit erlebt. Dadurch bekommt er automatisch den Drang, dir auch was Gutes zu tun, und dies spiegelt sich in einem Kaufabschluss wider.

Die nächste Aktivität besteht darin, Angebote für deine potenzielle Zielgruppe zu entwickeln.

Angebote oder Produkte erstellen

Um deine Profitabilität konstant zu halten oder zu erhöhen, solltest du dich, wie oben erwähnt, nicht nur auf die Schaffung eines einzelnen Ergebnisses oder Mehrwerts verlassen. Implementiere Optionen bzw. Angebote und biete diese deinen Kunden fortlaufend an.

Alle Produkte, die nach dem ersten Kauf zusätzlich erworben werden, erhöhen deine Profitabilität. Aus diesem Grund solltest du deine Produkte in Kategorien aufteilen und organisieren, damit du deinen Kunden mehr Optionen präsentieren bzw. Angebote machen kannst. Um deine Kunden längerfristig an dich zu binden, musst du eine gewisse Konstanz in der Qualität behalten. Weiterhin musst du, um gute Angebote bzw. Optionen entwickeln zu können, sicherstellen, dass deine Kunden dich kennen, mögen und Vertrauen zu dir haben. Aufbau von Sympathie ist an dieser Stelle dein Schlüssel zum Erfolg. Du musst deinen Kunden stets einen auf sie zugeschnittenen Content liefern. Um einen besseren Überblick über deine Produkte zu behalten, solltest du sie in einem Produktstrukturplan (PSP) organisieren. In diesem PSP werden die Produkte hierarchisch angeordnet. Je höher die Produkte in dieser Hierarchie eingeordnet sind, desto höher ist ihr Preis. Dies ermöglicht dir zum einen, die Übersicht zu behalten, und zum anderen hilft es dir bei der Strategieentwicklung jedes einzelnen Produkts. Ein gutes Angebot liefert eine messbare Veränderung für deinen Kunden. Nach seiner Anwendung muss er eine positive Veränderung für ihn erkennen, damit er es als gut bewertet.

Im Weiteren zeige ich dir, wie du anhand dieses Produktstrukturplans deine Produktstrategie aufbauen kannst. Dies ermöglicht dir, deine Produkte zu klassifizieren. In diesem Plan werden kostenlose bis profitmaximierende Produkte aufgeführt; die Letzteren sind die Produkte, mit denen du deinen Gewinn maximierst. Auf der obersten Ebene, der Ebene 1, befindet sich das profitmaximierende Produkt, gefolgt auf Ebene 2 mit dem Hauptprodukt, dann kommen Startangebote und zuletzt kostenlose Produkte. Von der unteren bis zur oberen Ebene (sprich von Ebene 4 bis 1) werden die Produkte also inhaltlich wertvoller. Je länger ein Kunden während seiner Customer Journey und seiner Customer Experience deine Produkte nutzt, desto wertvollere Produkte bekommt er. Mit deinem Produktstrukturplan holst du das Maximale aus deinen Kunden heraus.

1. **Profitmaximierende Angebote** Die Angebote auf dieser Ebene sorgen dafür, dass dein Unternehmen maximalen Profit erwirtschaftet. Diese Angebote beinhalten auch deine teuersten Produkte. Diese Angebote kannst du im Austausch gegen noch höhere Qualität anbieten. Mit ihnen zeigst du deinen Kunden, dass du ein Meister auf deinem Gebiet bist. Beispiele hierfür können Workshops, Seminare, Beratung etc. sein.

2. **Hauptangebote** In dieser Ebene befinden sich die Produkte, mit denen du die Probleme deiner Kunden löst, es sind also deine Hauptangebote. Mit ihnen werden – im Gegensatz zu den Angeboten in den unteren Ebenen – die Herausforderungen des Kunden komplett gelöst. Mit dieser Lösung grenzt du dich von deinen Wettbewerbern ab. Beispiele hierfür können die persönliche Betreuung deiner Kunden (online oder telefonisch), Webinare etc. sein. Hier liegen deine Kernkompetenzen. Diese Aktivitäten solltest du am besten nie auslagern.

3. **Startangebote** Auf dieser Ebene verdienst du zum ersten Mal Geld mit deinem Produkt. Da es dein Einstiegsprodukt ist, solltest du auf das Preis-Leistungs-Verhältnis achten. Biete dein Produkt deshalb günstig an und gib dem Kunden im Austausch dafür einen hohen Wert. Beispiele hierfür sind Audiobücher, E-Books, Webinare etc. Ziel dieser Ebene ist, weitere Kunden anzuziehen und so die Anzahl deiner Kunden zu erhöhen. Aus diesem Grund muss dieser für wenig Geld etwas Hochwertiges bekommen. Damit überzeugst du den Kunden und bringst ihn unbewusst dazu, sich auch für die Produkte zu interessieren, die sich auf der höheren Ebene befinden. Diese sind im Vergleich zu den unteren Ebenen, wie du weißt, teurer.

4. **Kostenlose Angebote** Hier handelt es sich um kostenlose Produkte, das jedem potenziellen Kunden zur Verfügung gestellt werden. Diese befinden sich auf deiner Website. Alle, die deine Website besuchen, haben Zugang dazu. Beispielsweise könntest du kostenlose Podcasts erstellen oder einen YouTube-Kanal eröffnen, auf dem du deinen Kunden kostenlos Inhalt zur Verfügung stellst. Weiterhin gibt es kostenlose Produkte mit Zugangsbeschränkungen, wie Lead Magnet, Content Upgrade, Minikurse etc., die du gratis bereitstellst, aber gegen „Bezahlung" durch die Kontakterlaubnis oder Daten deiner Zielgruppe. Ziel dieser Ebene ist es, die Aufmerksamkeit deiner Zielgruppe auf dich und deine Unternehmung zu lenken, sie sozusagen anzuziehen. Mithilfe der Auswertung der Reaktion der Kunden auf dein Gratisprodukt kannst du den Inhalt peu à peu verbessern und steigern, um noch mehr Menschen davon zu überzeugen, sich mit deiner Unternehmung auseinanderzusetzen. Benutze dein Gratisprodukt, um deine Zielgruppe an dich zu binden.

Du darfst deine Kunden und Interessenten (potenziellen Kunden) nicht gleichbehandeln. Ein Kunde ist immer wertvoller als ein Interessent, weil er bereits ein Produkt bei dir gekauft hat. Aus diesem Grund haben Kunden einen höheren Stellenwert als Interessenten. Ein Kunde, der schon Erfahrungen mit deinen Produkten gemacht hat, ist viel einfacher davon zu überzeugen, wieder bei dir zu kaufen, als ein Interessant, der noch mit dem Gedanken spielt, deine Produkte vielleicht zu kaufen. Interessenten oder auch potenzielle Kunden sind mit dir noch keine Kundenbeziehung eingegangen und sollten deshalb auch nicht gleich zu Beginn deine ganze Aufmerksamkeit erhalten. Mit deinen kostenlosen Produkten oder Gratisprodukten kannst du sie dazu bringen bzw. sie überzeugen, einen Kaufabschluss zu tätigen.

Dein Produktstrukturplan ermöglicht dir, je nach Ebene, einem Kunden etwas anderes anzubieten, um ihn nicht nur langfristig an dich zu binden, sondern auch einen kontinuierlichen Austausch zu gewährleisten, damit der Kunde dich stets in Erinnerung behält.

Um deine Profitabilität konstant zu halten oder zu erhöhen, solltest du dich, wie oben erwähnt, nicht nur auf ein Produkt verlassen. Implementiere neue Optionen und biete sie deinen Kunden fortlaufend an. Alle Produkte, die nach dem ersten Kauf zusätzlich gekauft werden, erhöhen deine Profitabilität.

Nach der Entwicklung deiner Produkte geht es in der nächsten Aktivität darum, deine entwickelten Angebote oder Optionen ab Ebene 3 abwärts (siehe den Produktstrukturplan) zu verkaufen.

Produkte verkaufen

Hier geht es darum, einen Weg zu finden, die von dir entwickelten Produkte zu verkaufen bzw. zu vertreiben.

Damit die Kunden die Produkte kaufen, müssen diese, wie erwähnt, spezifische Bedürfnisse oder Probleme des Kunden lösen. Aber wie schafft man das? Du musst mit deiner Verkaufsbotschaft den maximalen Impact erzielen. Du musst den Kunden dazu bringen, dir zu vertrauen, und dieses Vertrauen kannst du nur gewinnen, wenn du, wie in Kapitel 7.1.1 und 7.1.2 beschrieben, die Customer Journey und die Customer Experience des Kunden genau analysierst und Maßnahmen zu deren Verbesserung umsetzt. Nur wenn du deine Angebote dem Richtigen verkaufst, wirst du damit eine Wirkung auslösen. Versuche immer, das

Problem, dessen Lösung du anbietest, als Erstes anzusprechen. Erst danach kannst du mit deiner Lösung, dem Nutzen fortfahren. Jede positive Rückmeldung, die du vom Kunden zurückbekommst, solltest du bearbeiten. Diese positiven Rückmeldungen kannst du veröffentlichen, um noch mehr Menschen anzuziehen. Jetzt geht es darum, im Rahmen des Supports die gewonnenen Kunden zu betreuen und deren Zufriedenheit sicherzustellen. Bevor dieses Thema ausführlich im nächsten Kapitel angesprochen wird, werde ich es im nächsten Unterabschnitt kurz vorstellen.

Support: Kundenbetreuung

Nach dem Verkauf deines Produkts musst du auf alles gefasst sein. Die Kunden werden dir eine Rückmeldung darüber geben, wie sie dein Ergebnis oder deinen Mehrwert finden, sie werden es bewerten. Es ist also wichtig, dass du bei dieser Aktivität jede Rückmeldung beherzigst und aufschreibst.

Beantworte jede Nachricht, die du von deinen Kunden bekommst, und versuche dabei stets im Hinterkopf zu behalten, dass es nicht das Ziel des Kunden ist, sich über dich lustig zu machen, sondern er möchte dir helfen, dein Produkt zu verbessern, damit es genau auf seine Bedürfnisse passt. Damit möchte er dir sagen, dass er gerne bereit ist, wieder in dich zu investieren, wenn du seine Worte beherzigst und umsetzt. Nimm es also nicht persönlich. Sie werden entweder positiv oder negativ auf dein Produkt reagieren. Achte darauf, jedes einzelne Feedback aufzuschreiben und zu analysieren und Gegenmaßnahmen zu definieren. Mache nie den Fehler, ein negatives Feedback zu ignorieren. Gerade dieses solltest du als Erstes behandeln, um weitere negative Auswirkungen zu vermeiden. Versuche deinen Kunden Sicherheit zu geben, indem du für sie eine Garantie erstellst. Mit dieser Garantie triggerst du deinen Verkauf an. Wenn dein Kunde zufrieden ist, wird er dich nicht nur weiterempfehlen, sondern dir gegenüber langfristig treu und loyal sein, was sich positiv auf deine Reputation und automatisch auf deinen Umsatz auswirken wird.

Es gibt zahlreiche Werkzeuge, Methoden und Techniken, die die Messung der Kundenzufriedenheit ermöglichen. Beispielsweise können Fragebögen, Workshops, Interviews etc. verwendet werden, um den Kunden dazu zu bringen, ein Feedback bezüglich seines Erlebnisses zu äußern. Es muss dir nur klar sein, dass keine perfekte Methode existiert. Jede Methode, die du auswählst, musst du an deine Bedürfnisse anpassen. Du musst also die Methode auswählen, die zu deinen Bedürfnissen passt. Nach Lilia Natrapei* sind selbst Experten auf diesem Gebiet nicht in der Lage, sich auf eine Umfrageart zu einigen; genau dieses Thema wird im Weiteren erörtert.

---

* Hubspot (2020): a. a. O.

Sicherung der Kundenzufriedenheit

Mithilfe von Kundenzufriedenheitsumfragen kann die Kundenzufriedenheit des Kunden analysiert werden.

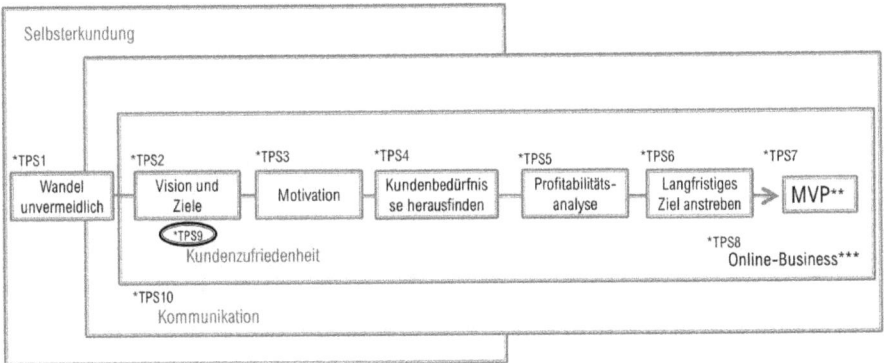

- • * TPS = Teilprozessschritt
- • ** Minimum Value Product/minimal überlebensfähiges Produkt
- • *** Das Online-Business ist optional. Es kann nach der Wertschaffung gestartet werden oder parallel zu dieser.

Abbildung 24 Online-Business (TPS9)

Die Kunden müssen meistens angeben, ob sie unzufrieden, zufrieden oder sehr zufrieden sind, um ihr Kundenerlebnis, ihre Customer Experience (siehe Kapitel 7.1.2) zu beschreiben. Die Wahr-
scheinlichkeit, dass unzufriedene Kunden ihre Unzufriedenheit
mit anderen teilen, ist höher als, dass dies zufriedene Kunden tun
(siehe Kapitel 8.2.2). In der Kundenzufriedenheitspyramide wirst

du drei Kundenkategorien kennenlernen, die Einfluss auf deinen Umsatz und somit auf deine Profitabilität ausüben.

Kundenzufriedenheitspyramide

Der Abbildung 25 kann entnommen werden, dass nur durch „begeisterte Kunden" eine echte Kundenbindung erzielt werden kann. Begeisterte Kunden befinden sich an der Spitze der Pyramide mit der Angabe: „Erwartung mehr als erfüllt", es sind die Menschen, deren Erwartung du mit deinen Angeboten übertroffen hast. Es sind auch diejenigen, die deine Unternehmung nicht nur weiterempfehlen, sondern die sich emotional an deine Marke binden. In der Mitte der Pyramide („Erwartung ziemlich genau erfüllt") befinden sich Kunden, die zwar mit deinen Angeboten zufrieden sind, aber immer noch bereit sind, die Angebote von anderen zu testen und zu kaufen. Du hast mit deinem Angebot deren Erwartungen zwar erfüllt, aber diese Kunden sind trotzdem nicht bereit, eine Kundenbindung mit dir einzugehen, weil sie sich generell an keine Marke binden wollen.

In der untersten Ebene der Pyramide („Erwartung nicht erfüllt") befinden sich die Kunden, die unzufrieden sind. Ihren Erwartungen hast du mit deinen Angeboten nicht entsprochen, deshalb sind sie unzufrieden oder auch enttäuscht. Diese Kunden werden auf jeden Fall abwandern und deine Reputation durch Verteilung negativer Feedbacks in unterschiedlichen Kommunikationskanälen schaden. Als guter Kundenbetreuer musst du lernen, mit diesen drei Kundenkategorien umzugehen.

Kundenbindungen	Erwartungen	Reaktion des Kunden	Verhalten des Kunden
Kundebindung vorhanden	Erwartungen mehr als erfüllt	Sehr zufriedene Kunden → Begeisterte Kunden	Positives aktives Verhalten - Aktive Werbung für Sie - Kauft weiter bei Ihnen ein
Keine Kundenbindung	Erwartungen ziemlich genau erfüllt	Zufrieden gestellte Kunden →Indifferente Kunden	Passives Verhalten - Offen für Abwerbung - Nicht an Sie gebunden bei Kaufentscheidungen
	Erwartungen nicht erfüllt	Unzufriedene Kunden →Enttäuschte Kunden	Negatives aktives Verhalten - Sucht anderen Partner - Wirbt gegen Sie

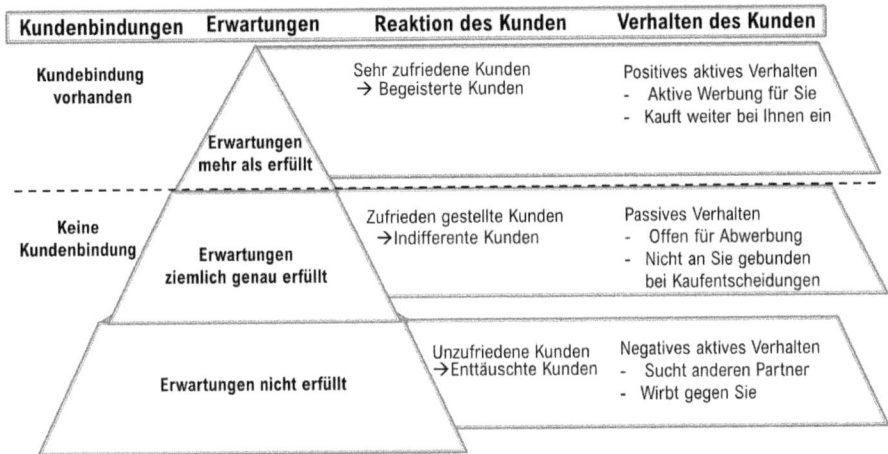

Abbildung 25: Die Pyramide der Kundenzufriedenheit, eigene Darstellung*

Viele glauben, dass die Wertschaffungskette mit dem Kauf des Produktes endet, aber die Wahrheit ist, dass die eigentliche Arbeit erst nach der Schaffung des Werts und noch mehr nach dem Kauf anfällt. Alle Entscheidungen, die danach getroffen werden, beeinflussen, ob der Kunde bleibt, für Alternativangebote weiterhin offen ist oder ganz abwandert. Gib dem Kunden stets das Gefühl, dass er verstanden wird, und höre ihm aufmerksam und proaktiv zu. Wie aus Abbildung 26 entnommen werden kann, gibt es bestimmte Faktoren, die einen Einfluss auf die Zufriedenheit des Kunden haben: seine Erwartungen und seine wahrgenommenen Leistungen. Kammermann** führt dazu aus, dass die Leistungen oder Performanz deines erschaffenen Ergebnisses oder Mehrwerts abzüglich der Erwartungen des Kunden die tatsächliche Qualität deines Wertes darstellt.

* Quelle: Kammermann (2015): ..., Kap. 15.6.1.
** [Kammermann (2015),a.a O., Kap. 15.1] (Abb. 15.2).

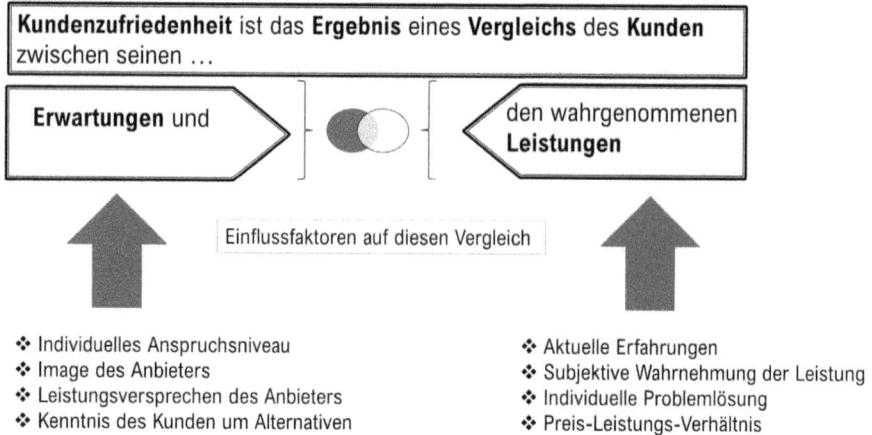

Abbildung 26: Definition der Kundenzufriedenheit, eigene Darstellung[*]

Als Unternehmer kannst du einen großen Teil der Kundenzufriedenheit bewusst beeinflussen. Der andere Teil wird unbewusst beeinflusst und hat ebenfalls eine Auswirkung auf den Ruf deiner Unternehmung. Stelle dir stets die Frage, ob deine Angebote oder Optionen (siehe Kapitel 7.2.4) für die Kunden auch wirklich interessant sind und nach ihnen ausgerichtet wurden.[**] Im nächsten Absatz stelle ich dir ein paar Modelle vor, die du verwenden kannst, um die Kundenzufriedenheit zu messen.

Kundenzufriedenheitsmodelle

Es gibt zwei Umfragearten, die benutzt werden, um die Kundenzufriedenheit zu messen. Die Standardmethode, die viele Unternehmen verwenden, ist die „Kundenzufriedenheitsumfrage".

---

[*] Ebd., Kap. 15.1.
[**] Markus Kammermann (2015), a. a. O., Kap. 15.6.1 und Kap. 15.6.2.

Eine Umfrageart ist die **In-App-Umfrage**. Diese Methode integriert eine einfache Feedbackleiste mit ein oder zwei Fragen. Die in Kapitel 8.2.2 vorgestellte Methode NPS kann mithilfe der App-Umfrage gemessen werden. Eine weitere Umfrageart ist die nach dem **Service**. Hier wird die Umfrage nach Erhalt eines Service direkt an den Kunden gerichtet.[*] Das kann in einem „Live-Chat" oder per E-Mail mit einem Bewertungslink erfolgen.[**] Das erste Modell, das ich dir vorstellen werde, wurde von Noriaki Kano, einem ehemaligen Universitätsprofessor aus Tokio, entworfen. Er erkannte 1978, dass Anforderungsmerkmale verschiedene Auswirkungen haben können, was die Kundenzufriedenheit beeinflussen kann.[***]

[*] Userlike (2021): Von Echtzeit-Chats zu Langzeit-Kunden. URL: www.userlike.com.
[**] Userlike (2021): Kundenzufriedenheit messen – 6 bewährte Methoden.
     URL: https://www.userlike.com/de/blog/methoden-kundenzufriedenheit-messen.
[***] t2informatik (2021): Kano-Modell.
     URL: https://t2informatik.de/wissen-kompakt/kano-modell/#:~:text=
     Kano%2DModell%20Definition-,Das%20Kano%2DModell%20beschreibt%20
     den%20Zusammenhang%20zwischen,und%20der%20Erf%C3%BCllung%20
     von%20Kundenanforderungen.&text=Er%20erkannte%20bereits%201978%2C%20
     dass,Leistungsmerkmale.

Das Kano-Modell

Wie dem Kano-Modell entnommen werden kann (siehe Abbildung 27), wird die Zufriedenheit des Kunden (siehe Y-Achse) von dessen Erwartungen beeinflusst. Bestimmte Anforderungen, Merkmale oder auch Faktoren können von dir entwickelt werden, um diese Zufriedenheit gezielt zu lenken.

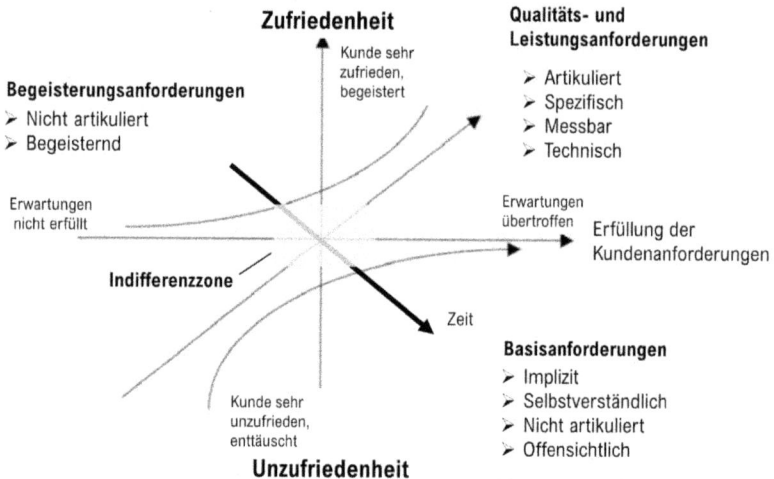

Zufriedenheit

Kunde sehr zufrieden, begeistert

Qualitäts- und Leistungsanforderungen
- Artikuliert
- Spezifisch
- Messbar
- Technisch

Begeisterungsanforderungen
- Nicht artikuliert
- Begeisternd

Erwartungen nicht erfüllt

Erwartungen übertroffen

Erfüllung der Kundenanforderungen

Indifferenzzone

Zeit

Kunde sehr unzufrieden, enttäuscht

Basisanforderungen
- Implizit
- Selbstverständlich
- Nicht artikuliert
- Offensichtlich

Unzufriedenheit

Abbildung 27: Anforderungsklassifikation nach Kano, eigene Darstellung[*]

[*] Quelle: OZ-online (o. J.): Kundenanforderungen – Kano-Modell.
URL: https://www.qz-online.de/qualitaets-management/qm-basics/kunden/kundenmanagement/artikel/kundenanforderungen-kano-modell-168360.html.

Wie Abbildung 27 zeigt, befindet sich in der Mitte des Kano-Modells die „Indifferenzzone".[*] Die Zufriedenheitswerte innerhalb dieser Zone sind moderat. Außerhalb dieser Zone sinken die Zufriedenheitswerte bei den Begeisterungs- und der Basisanforderungen überproportional, während die der Leistungsmerkmale linear verlaufen. Mit der Zeit verschieben sich diese Merkmale: Begeisterungsfaktoren werden zu Leistungsfaktoren und zuletzt zu Basisfaktoren.[**] Die unterschiedlichen Anforderungen, Merkmale oder auch Faktoren werden nun erläutert.

▶ **Basismerkmale, Basisanforderungen oder Basisfaktoren** (unterbewusstes Wissen): Wenn du einen Mehrwert schaffst, musst du darauf achten, dass dieser die Basismerkmale enthält, damit der Kunde zufrieden ist, weil diese, wie der Name „Basisfaktoren" schon verrät, essenzielle Faktoren sind. Wenn diese Faktoren nicht implementiert werden, ist der Kunde unzufrieden. Die Implementierung dieser Faktoren ändert aber nichts an seiner Zufriedenheit, weil sie für ihn selbstverständlich sind, deswegen werden sie oft gar nicht erwähnt.
Wenn du beispielsweise ein Fahrrad ohne Räder oder nur mit einem Rad produzierst, wird der Kunde unzufrieden sein. Auf der anderen Seite wird sich mit zwei Rädern nichts an seiner Zufriedenheit ändern, weil es für ihn selbstverständlich ist, dass ein klassisches Fahrrad zwei Räder haben muss.

---

[*] t2informatik (2021): Kano-Modell – Definition. URL: https://t2informatik.de/wissen-kompakt/kano-modell/#:~:text= Kano%2DModell%20Definition-,Das%20Kano%2DModell%20 beschreibt%20den%20Zusammenhang%20zwischen,und%20der%20Erf%C3%BCllung%20 von%20Kundenanforderungen.&text=Er%20erkannte%20bereits%201978%2C%20 dass,Leistungsmerkmale.
[**] Johannes Bergsmann (2018), a. a. O., Kap. 4.3.2.

Die in Kapitel 6.3.1 erläuterten dokumentzentrierten Techniken und Beobachtungstechniken können verwendet werden, um die Basisfaktoren herauszufinden.

► **Leistungsmerkmale, Leistungsanforderungen oder Leistungsfaktoren** (bewusstes Wissen): Leistungsfaktoren oder Leistungsmerkmale erhöhen die Zufriedenheit des Kunden. Wenn diese nicht implementiert werden, sinkt die Kundenzufriedenheit. Diese Anforderungen erhöhen den Nutzen für den Kunden und werden deshalb explizit von diesem genannt und erwartet. Gerade in einem großen Markt entscheiden die Leistungsfaktoren darüber, welches Produkt von den Kunden gekauft wird. Mit jedem Leistungsfaktor, der fehlt, wird der Kunde unzufriedener. Um diese Anforderungen herauszufinden, kannst du Befragungstechniken oder Beobachtungstechniken anwenden (siehe Kapitel 6.3.1).

► **Begeisterungsmerkmale, Begeisterungsanforderungen oder Begeisterungsfaktoren** (unbewusstes Wissen): Begeisterungsfaktoren oder -merkmale rufen bei den Kunden Begeisterung hervor, weil sie von ihnen nicht erwartet werden. Auch wenn diese Faktoren nicht implementiert werden, würde der Kunde sie nicht vermissen, weil er sie, wie oben beschrieben, nicht erwartet. Deren Implementierung lässt den Nutzen für den Kunden überproportional steigen. Diese Faktoren benutzen Unternehmer oft, um sich vom Wettbewerb zu differenzieren. Um Begeisterungsfaktoren zu identifizieren, solltest du Kreativitätstechniken verwenden.

Jedes dieser Merkmale kann sowohl für Produkte als auch für Dienstleitungen benutzt werden, um die Kundenzufriedenheit zu ermitteln. Ein amerikanischer Professor namens Frederick Herzberg hat beobachtet, dass nicht vorhandene Gründe für

Unzufriedenheit nicht automatisch Zufriedenheit implizieren oder herbeirufen. Mit dem Kano-Modell können keine quantitativen Aussagen getroffen werden, aber es können im Gegenzug qualitative Aussagen getroffen werden. Dieses Modell geht davon aus, dass Produkteigenschaften und -wünsche des Kunden miteinander verknüpft sind.

Die Methode Net Promoter Score (NPS)

Der Net Promoter Score (NPS) ist ein „Kundenzufriedenheitsindikator" oder eine „Kennzahl", die von Fred Reicheld und Co. konzipiert wurde. Dieser Indikator sagt viel über den Erfolg einer Unternehmung aus. Der Indikator wird von Unternehmen verwendet, um den Stand der Kundenzufriedenheit sowie das Zusammenwirken zwischen Kunden und Unternehmen einzuschätzen.[*] Es wird dabei durch eine Kundenumfrage die Weiterempfehlungsrate ermittelt. Daraus kann ein Unternehmen ablesen, ob Kunden mit seinen Angeboten sehr zufrieden, zufrieden oder unzufrieden sind. Diese Umfrage besteht meist nur aus einer klar und deutlich formulierten Frage, die an den Kunden versendet wird, zum Beispiel:

„Wie wahrscheinlich ist es, dass Sie unser Produkt/unser Unternehmen/unsere Dienstleistung einem Freund oder Kollegen weiterempfehlen?"

---

[*] Die folgenden Informationen wurden entnommen aus Critizr (o. J.): Kundenzufriedenheit – Was ist der NPS?.
URL: https://business.critizr.com/de/blog/kundenzufriedenheit-was-ist-der-nps; Infonautics (o. J.): Die Methode NPS. URL: https://www.infonautics.ch/blog/net-promoter-score/.

Oder:

„Würden Sie zum Beispiel Unternehmen X in ihrem Bekanntenkreis empfehlen?"

Die Bewertung des Erfolg wird mithilfe einer Skala von 0 = unwahrscheinlich bis 10 = wahrscheinlich vorgenommen. Die Antwort des Kunden ermöglicht dir, eine Punktzahl (oder auch Kennzahl) zu berechnen, die dessen Loyalität und Empfehlungsbereitschaft widerspiegelt. Alle Teilnehmer werden in drei Gruppen eingeteilt:

▶ **Erste Gruppe (0−6 Punkte)** Die erste Gruppe besteht aus **Kritikern**. Kritiker stellen für jedes Unternehmens eine Gefahr dar, da sie ständig nach Fehlern suchen und meistens unzufrieden oder frustriert sind. Zudem veröffentlichen sie ihre negativen Äußerungen gegenüber dem Unternehmen über unterschiedliche Kommunikationskanäle und genau das schadet dem Image des Unternehmens.

▶ **Zweite Gruppen (7−8)** In der zweiten Gruppe befinden sich **die passiven Kunden**. Diese sind meistens zufrieden. Da diese Gruppe sich noch nicht mit der Marke oder dem Unternehmen identifizieren kann, ist sie noch unentschlossen und kann jederzeit abwandern.

▶ **Dritte und letzte Gruppe (9−10)** Alle Kunden, die sich in dieser Gruppe befinden, sind sehr **zufrieden**. Meistens empfehlen diese Kunden das Unternehmen weiter. Sie bekommen oft den Titel „Markenbotschafter", weil sie gegenüber dem Unternehmen treu und loyal sind.

Um den NPS zu ermitteln, wird „der prozentuale Anteil der Kritiker vom prozentualen Anteil der Promoter abgezogen". Der Wert, der herauskommt, sollte zwischen –100 % und +100 % liegen. Ein negativer Wert bedeutet, dass weniger Promoter vorhanden sind. Bei gleicher Anzahl an Promotern und Kritikern ist der Wert 0 %. Wenn der NPS-Wert positiv ist, ist dies gut für das Unternehmen. Ein Wert von 50 % aufwärts wird als sehr gut bewertet.

Customer Effort Score (CES)/Kundenaufwandsindex

Der Customer Effort Score (CES) sowie die Messung der Kundenzufriedenheit wurden zum ersten Mal 2010 in einem Artikel in der „Havard Business Review"[*] bekannt gemacht. Darin heißt es, dass „exzellenter Service" in Relation oder mit dem Übertreffen der Kundenerwartung gleichgesetzt werden kann. Die Messung von Customer Experience wird oft in KPI oder als Score ausgedrückt. Der CES ist eine Kennzahl, mit der die Zufriedenheit des Kunden, die Kundentreue erhoben werden kann. Sie drückt aus, wie aus Sicht des Kunden eine spezifische Interaktion oder ein Austausch mit dem Unternehmen wahrgenommen wurde. Auf einer Skala von 1 (= sehr gering) bis 7 (= sehr hoch) wird der Kunde gefragt, wie viel Aufwand das Unternehmen zur Lösung seines Problems investieren musste. Der Kunde wird hier also nicht nach seiner Zufriedenheit befragt („Fragen Sie nicht: Wie zufrieden sind Sie mit unserem Service?"), stattdessen soll folgender Rat befolgt werden: „Wie einfach war es, Kontakt aufzunehmen/ den Kauf abzuschließen/Ihr Problem gelöst zu bekommen?"[**]

---

[*] Harvard Business Review (2010): Stop Trying to Delight your Customers. URL: https://hbr.org/2010/07/stop-trying-to-delight-your-customers.
[**] Userlike (2021), a. a. O.

Weiterhin wird dem Unternehmen empfohlen, die Kundentreue zu stärken, indem eine „unkomplizierte" User Experience geschaffen wird, denn ein Kunde bleibe dann treu, wenn seine Probleme sehr schnell behoben werden.[*]

Social-Media-Monitoring

Wenn ein Unternehmen wissen möchte, was ein Kunde über es denkt, sollte es in den Medien nachsehen. Beispiele für solche Social-Media-Plattformen sind Twitter, Facebook, TripAdvisor, Yelp etc. Dazu sollte das Unternehmen selbstverständlich über die richtigen „Tracking-Werkzeuge" verfügen. Nützlich sind hier zum Beispiel[**]:

- ▶ **Google Alerts** Das Unternehmen wird von diesem Tool benachrichtigt, wenn seine Marke „in einer auffälligen Position" ist.
- ▶ **Social Mention** Dieses Tool ist kostenlos und analysiert die „soziale Erwähnung" der Marke im Internet. Das Unternehmen wird gewarnt, wenn seine Marke im Internet erwähnt wird.

Nur eine gute und klare Kommunikation kann dir helfen, deine Angebote mit höchster Qualität zu produzieren, aber auch deinen Kunden eine Betreuung zu bieten, die dazu führt, dass diese sich langfristig an dich binden. Das Thema Kommunikation ist ein Prozess, der sich über die gesamte Wertschaffung und darüber hinauszieht.

---

[*] Hubspot (2020): Was ist der CES (Customer Effort Score)?
URL: https://blog.hubspot.de/service/ces-customer-effort-score.
[**] Userlike (2016): Kundenzufriedenheit messen – 6 bewährte Methoden.
URL: https://www.userlike.com/de/blog/methoden-kundenzufriedenheit-messen.

Effektive Kommunikation

Du kennst sicherlich die Redewendung „Reden ist Silber, Schweigen ist Gold". Wie dieser Spruch unterstreicht, ist es generell ratsam, lieber zu schweigen und zuzuhören, anstatt zu reden. Aber es gibt auch Bereiche, wo Reden alles, sprich lebensnotwendig ist. Im Verlauf deiner Unternehmung wirst du mit vielen Stakeholdern kommunizieren müssen, um deine Unternehmung erfolgsorientiert zu steuern. Ohne Transparenz, aktive Interaktion wird deine Unternehmung garantiert scheitern. Nur wenn du es schaffst, auf allen Ebenen deiner Unternehmung Transparenz zu erzielen, wirst du alle deine Meilensteine oder Zwischenziele gegenüber Geschäftspartnern und jedem Stakeholder erreichen. Versuche über die Wertschaffungskette hinaus eine gute Gesprächskultur zu gewährleisten, denn nur wenn dies garantiert ist, kann deine Unternehmung als nach außen aufgeschlossen wahrgenommen werden. Deine Produktivität ist davon abhängig, wie du kommunizierst, sprich, mit welchem Ton du gegenüber deinen Stakeholdern auftrittst. Versuche in den Gesprächen mit ihnen die richtige Mischung aus Nähe und Distanz zu finden. Gerade dies ist eine der größten Herausforderungen der Kommunikation. Effektives Kommunizieren ist der letzte Prozessschritt unserer detaillierten Wertschaffungskette.

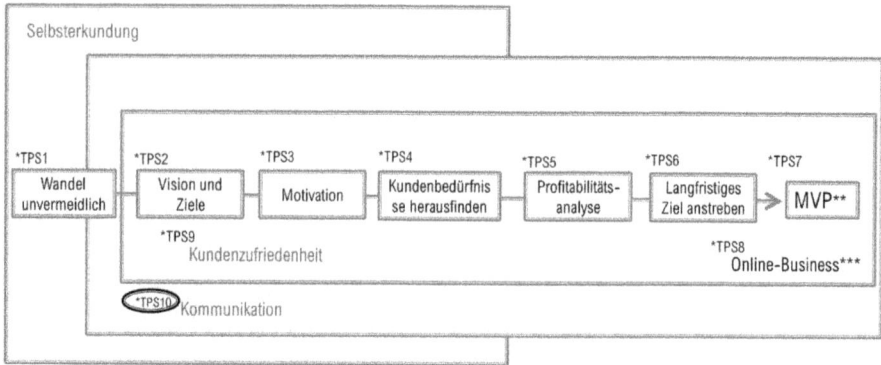

*TPS1	*TPS2	*TPS3	*TPS4	*TPS5	*TPS6	*TPS7
Wandel unvermeidlich	Vision und Ziele	Motivation	Kundenbedürfnisse herausfinden	Profitabilitäts-analyse	Langfristiges Ziel anstreben	MVP**

Selbsterkundung

*TPS9 Kundenzufriedenheit

*TPS8 Online-Business***

*TPS10 Kommunikation

- * TPS = Teilprozessschritt
- ** Minimum Value Product/minimal überlebensfähiges Produkt
- *** Das Online-Business ist optional. Es kann nach der Wertschaffung gestartet werden oder parallel zu dieser.

Abbildung 28: Effektive Kommunikation (TPS10)

Über die gesamten Wertschaffungskette und insbesondere nach der Erstellung des Produkts muss mit dem Kunden kommuniziert werden, um dessen Zufriedenheit in Bezug auf Support, Service etc. zu gewährleisten. Ein Kunde, der mit deinem Service allgemein oder mit dem Kundenservice nicht zufrieden ist, kommt nicht wieder zurück (siehe Abbildung 25: Die Pyramide der Kundenzufriedenheit). Nicht wieder zurückkommen bedeutet hier, dass der Kunde nicht mehr bereit sein wird, deine Angebote zu kaufen oder weiterzuempfehlen. Wenn du, wie in diesem Buch oft unterstrichen, nicht auf deine Kunden achtest, wird deine Unternehmung stagnieren. Dies wird dazu führen, dass du entweder im Markt untergehst oder den Wettbewerb nicht überstehst.

Die Kommunikation mit dem Kunden ist laut Markus Kammermann „ein wesentlicher Punkt für die Qualifikation eines Technikers".[*] Ganz gleich, woher der Kommunikationsbedarf

[*] Markus Kammermann (2015), a. a. O.

kommt, als Unternehmer musst du zu Beginn auch in die Rolle eines Technikers oder Kommunikationstechnikers schlüpfen können, um deine Kunden gut zu betreuen. Deine Hauptaufgabe besteht darin, dem Kunden das Gefühl zu geben, dass er wichtig ist, dass er dein König ist und seine Wünsche und sein Wohlergehen bei dir an aller erster Stelle stehen. Kammermann empfiehlt folgenden Umgang mit den Kunden:

- Freundlicher und verständnisvoller Umgang
- Ohne Kritik aktiv zuhören
- Gleichbehandlung aller Stakeholder
- Im Falle einer Abweisung den Kunden vorsichtig und konsequent darauf vorbereiten
- Nach Lösung seines Anliegens den Kunden nach seiner Zufriedenheit fragen

Im Zentrum deiner Kommunikation mit dem Kunden oder Stakeholder sollte der Respekt stehen. Du musst dem Kunden beweisen, dass seine emotionalen Reaktionen oder Handlungen verstanden werden. Sätze wie „Ich weiß …", „Ich verstehe …" oder „Es ist bedauerlich …" sollen dir helfen, dem Kunden zu vermitteln, dass er verstanden wird.[*] Im nächsten Abschnitt möchte ich dir zeigen, dass verbale Kommunikation allein nicht ausreicht, um den Kunden davon zu überzeugen, bei dir zu bleiben.

Ist Reden alles?

Oft wird „kommunizieren" mit „reden" verwechselt. Das, was Abbildung 29 zeigt, ist das Ergebnis zahlreicher Studien bezüglich

---

[*] Ebd., Kap. 15.6.

der Kommunikation. Es konnte gezeigt werden, dass Kommunikation zu 93 % von der Stimme, vom Ton, der Haltung, der Mimik und der Gestik beeinflusst wird und der Informationsgehalt nur 7 % ausmacht. Viele Menschen sind in dem Glauben, dass der Inhalt der Rede alles sei. Anhand der Grafik in dieser Abbildung siehst du jedoch, dass dies nicht der Fall ist. Deswegen solltest du in Meetings, in Telefonaten, im Support oder auch in der Betreuung deiner Kunden, während Geschäftsessen etc. auf deine Haltung, Mimik, Gestik etc. achten. Diese geben oft preis, wie du zu einem Thema stehst. Manchmal kannst du etwas aussprechen, was konträr zu deiner nonverbalen Kommunikation ist, und deswegen Verträge oder Verhandlungen verlieren, ohne wirklich zu verstehen, warum. Achte auf deine verbale und nonverbale Kommunikation. Stelle sicher, dass beide dasselbe ausstrahlen.

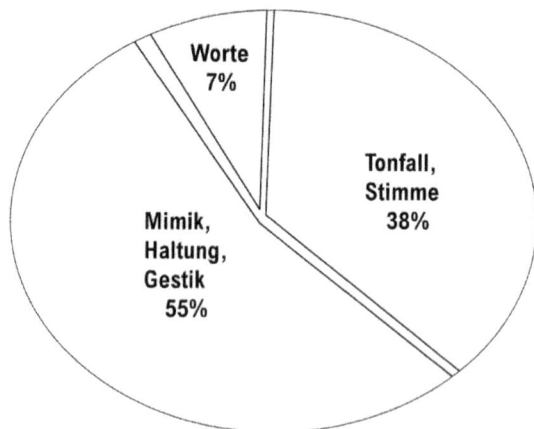

Die Wirkung von Kommunikation besteht aus ...

Worte 7%

Tonfall, Stimme 38%

Mimik, Haltung, Gestik 55%

Abbildung 29: Die Wirkung von Kommunikation, eigene Darstellung*

---

* Ebd., Kap. 15.6.2.

Kammermann präsentiert in seinem Buch die wesentlichen Punkte, aus denen sich Kommunikation zusammensetzt[*]:

- ► Wortwahl: einfach, kompliziert etc.
- ► Tonfall: ruhig oder hektisch
- ► Anrede: distanziert, förmlich etc.
- ► Kommunikationsweg: Telefon, Besuche etc.
- ► Mimik: starr, freundlich etc.
- ► Körpersprache: offene Haltung, Wegdrehen vom Kunden etc.

Alle genannten Punkte helfen dir, richtig zu kommunizieren. Bei jedem Gespräch solltest du sie im Hinterkopf behalten. Es kann nicht über Kommunikation gesprochen werden, ohne die vier Ebenen der Kommunikation oder auch das Vier-Ohren-Modell nach Friedemann Schulz von Thun zu erwähnen. Dieses wird im nächsten Abschnitt thematisiert.

Vier Seiten der Kommunikation zum besseren Verständnis

Laut dem Modell von Schulz von Thun gelangt eine Nachricht, die von einem Sender versendet wird und von einem Empfänger empfangen werden soll, über vier Wege oder auch Kanäle zu diesem. Anders ausgedrückt, der Sender spricht und der Empfänger hört und jede Partei sendet und empfängt über jeweils vier Kanäle. Aus diesem Grund werden bei jeder Äußerung jedes Mal vier Botschaften versendet, die auch auf vier unterschiedlichen Kanälen verstanden werden. Die Intension des Senders spielt hier keine Rolle, er muss dafür sorgen, dass seine Nachricht verstanden

[*] Ebd.

wird, dass es keinen Interpretationsspielraum gibt. Diese vier Kanäle werden nachfolgend beschrieben[*]:

- **Sachebene:** Diese Ebene enthält, worüber ich informiere. Sie fokussiert die „reine Information" also den Kerninhalt, der die Nachricht beinhaltet. Die Kernaussage, Kerndaten, Fakten etc. der Äußerungen spielen hierbei eine sehr wichtige Rolle. Der Sender muss sich vor einer Äußerung genau darüber im Klaren sein, wie er seine Nachricht so formulieren oder ausdrücken kann, dass keine Missverständnisse entstehen. Nachdem die Nachricht versendet worden ist, liegt es am Empfänger zu entscheiden, wie er die empfangene Nachricht bewertet.
- **Beziehungsebene:** Diese Ebene bringt zum Ausdruck, wie ich zu dir stehe, was ich von dir halte. Das ausgesprochene Wort, der Tonfall, die Gestik und Mimik etc. (siehe Kapitel 9.1) spielen hierbei eine wichtige Rolle. Eine versendete Nachricht, die über die Beziehungsebene empfangen wird, kann beim Empfänger positive oder negative Gefühle auslösen.
- **Selbstoffenbarungsebene:** Hier kommt zum Ausdruck, was ich von mir preisgebe. In dieser Ebene geht es darum, dass jeder, der kommuniziert, auch etwas von sich preisgeben muss. Dies wird „Selbstoffenbarung" genannt. Wenn der Sender eine Nachricht sendet, enthält diese auch Gefühle, Prinzipien, Ansichten etc., die den Empfänger auf seine Bedürfnisse verweisen sollen. Die Nachricht oder Botschaft kann diese deutlich oder undeutlich zum Ausdruck bringen.
- **Appellebene:** Was will ich von dir? Ein Sender, der sich entschließt, eine Nachricht zu senden, möchte nicht nur eine

---

[*] Wortwuchs (o.J.) Das Vier-Ohren-Modell. URL: https://wortwuchs.net/vier-ohren-modell/#:~:text=Der%20Kommunikationswissenschaftler%20Schulz%20von%20Thun,spricht%20demzufolge%20mit%20vier%20Schn%C3%A4beln.

Reaktion auslösen, sondern auch, dass der Empfänger dieser Reaktion eine Nachricht in Form einer Antwort zurücksendet. Bevor der Empfänger auf die Nachricht des Senders antwortet, sollte er sich, gerade weil er sich auf der Appellebene befindet, fragen, was er mit der Antwort tun, und vor allem, wie er am besten auf diese reagieren soll.

Die vier Ebenen einer Nachricht sind der Grund dafür, dass so viele Defizite und Missverständnisse in der Kommunikation vorherrschen. Sie sollen dir noch einmal aufzuzeigen, warum es oft so schwer ist, sich zu verständigen. Während eines Gesprächs kann jemand ein und dieselbe Nachricht auf vier verschiedene Arten verstehen. Wenn beide Gesprächspartner sich also nicht im selben Kanal befinden, können sie sich nicht verstehen und es entstehen Missverständnisse. Friedemann Schulz von Thun verdeutlicht weiterhin, dass der Sender mit vier „Schnäbeln" spricht und der Empfänger mit vier „Ohren" hört.[*] Die einzige Lösung, um solche Missverständnisse zu vermeiden oder zu reduzieren, ist, eine klare und eindeutige Nachricht zu versenden. Wenn jeder während der Kommunikation hierauf achten würde, dann könnte eine gewisse Transparenz in der Kommunikation geschaffen werden. Im nächsten Absatz möchte ich kurz auf den Gesprächsaufbau eingehen. Dieser soll dir bei der Kommunikation helfen, weitere Missverständnisse zu beheben.

[*] Ebd.

Gesprächsaufbau

In diesem Absatz stelle ich dir ein paar Aspekte vor, auf die du allgemein während eines Gesprächs (sei es am Telefon oder als Vier-Augen-Gespräch) achten solltest.

Das Gespräch am Telefon

Die Kundenbetreuung kann auf unterschiedliche Weise erfolgen, per Telefon, vor Ort beim Kunden, über E-Mail, in einem Chatforum etc. In der Praxis präferiert ein Großteil der Kunden jedoch den direkten Weg. Sie greifen bei den meisten Problemen sofort zum Telefon und rufen die Kundenbetreuung an. Auch am Telefon kannst du als Kundenbetreuer sehr vieles falsch machen, wenn du deine nonverbale Kommunikation nicht beherrschst, sodass der Kunde selbst über die nonverbale Kommunikation viel mitbekommen kann. Als Kundenbetreuer musst du daher unter anderem auf Folgendes achten[*]:

- ▶ Stimme und Aussprache
- ▶ Sprechgeschwindigkeit
- ▶ Betonung und Sprechmelodie
- ▶ Tonlage
- ▶ Hörerhaltung und Körperhaltung

Natürlich musst du auch auf deine Wortwahl achten, die folgende Merkmale aufweisen sollte:

---

[*] Die folgenden Informationen wurden entnommen aus Markus Kammermann (2015), Kap. 15.7–8.

- Kurz und prägnant
- Bestimmt und deutlich
- Einsatz von positiven Begriffen

Während des Gesprächs mit dem Kunden können folgende Hilfsmittel eingesetzt werden:

- Notizblock
- Liste der Abwesenden
- Supportsystem
- Telefonliste zum Weiterverbinden

Es ist elementar, dass du mehr zuhörst als sprichst. Nur durch aktives Zuhören kannst du das Problem des Kunden nicht nur aufnehmen, sondern auch verstehen. Indem du die richtigen Fragen stellst, schaffst du es, eine Wechselbeziehung zwischen dir und den Kunden aufzubauen. Dieser Rapport ist einfach eine Kommunikationsbrücke, um mit den Kunden über denselben Kanal (siehe Kapitel 9.2) so zu kommunizieren, dass ihr nicht nur dieselbe Sprache spricht, sondern diese sorgt auch dafür, dass ihr am Ende dasselbe Verständnis mitnehmt. Nur so kannst du dem Kunden als Kundenbetreuer das Gefühl vermitteln, dass er verstanden wird, dass sein Problem höchste Priorität hat und es sofort gelöst wird. Die Fragetechniken, die du dabei anwenden kannst, stelle ich dir als Nächstes vor.

Richtiger Einsatz der Fragetechnik

Ein guter Kundenbetreuer muss alles tun, um das Anliegen seiner Kunden in Erfahrung zu bringen, denn der Kunde hat nicht gelernt, seine Probleme klar auszudrücken. Wie in Kapitel 6 beschrieben, weiß er oft selbst nicht, was er möchte, und noch schlimmer, wie er es am besten ausdrücken soll. Um das Gespräch mit ihm ausführlich zu analysieren, musst du die richtigen Fragen stellen. Wie du dabei vorgehst oder welche Maßnahme du ergreifst, ist nicht wichtig, solange das Problem des Kunden gelöst wird. Folgende Fragetechniken könnten dir bei der Lösungsfindung oder Umsetzung eventuell helfen:

- ▶ **Geschlossene Fragen** Diese lassen sich nur mit Ja und Nein beantworten. Diese Art von Fragen wird verwendet, wenn das Gespräch kurz verlaufen soll.
- ▶ **Informationsfragen** Sie sind dazu da, um bestimmte Informationen in Erfahrung zu bringen. Sie werden eingesetzt, um Fakten zu klären.
- ▶ **Alternative Fragen** Mit einer solchen Frage wird der Kunde vor eine Wahl gestellt. Diese Fragen werden eingesetzt, wenn man unsicher ist, was für den Kunden das Beste ist.
- ▶ **Suggestive Fragen** Solche Fragen beinhalten bereits die Antwort. Diese werden eingesetzt, wenn der Kundenbetreuer die Lösung bereits hat. Damit wird der Kunde in eine Richtung gelenkt.

Ein Kunde ist nur dann zufrieden, wenn du es schaffst, ihm klarzumachen, dass er der König ist und dass seine Anliegen oder Anfragen bei dir an erster Stelle kommen. Du solltest jedes Mal so schnell wie es geht sein Problem oder Anliegen lösen, um ihn weiterhin zufriedenstellen zu können. Nur so kannst du jeden Tag sein Vertrauen in dich vertiefen und langfristig seine Loyalität gewinnen. Wie wir oben bereits erfahren haben, ist ein zufriedener Kunde nicht nur ein Markenbotschafter, sondern er bewirbt deine Produkte auch nach außen und bleibt dir treu. Beim Betrieb eines Onlineshops (siehe Kapitel 7) musst du dich auf eine größere Kundenanfrage einstellen. Aber ein Online-Business eröffnet dir nicht nur eine größere Reichweite, es bringt dir auch eine gewisse Flexibilität, um auf die sich ständig ändernden Markt- und Kundenanforderungen und die steigenden Kundenanfragen zu reagieren. Mit dieser Dynamik und dem richtigen Mindset kannst du den höchsten Wert für deine Unternehmung und den Kunden leisten und garantieren. Die Kundenzufriedenheit, die daraus resultiert, kann gemessen und bewertet werden (siehe Kapitel 8). Welche Werkzeuge du für die Messung anwenden möchtest, bleibt dir überlassen.

Nun sind wir am Ende dieses Buches angekommen. „Last but not least", wie man im Englischen so schön sagt, möchte ich in einem weiteren Kapitel noch einmal alle Themen überblickartig zusammenfassen, die in diesem Buch besprochen wurden.

Fazit und Ausblick

Was kann ich dir noch mit auf den Weg geben, dass ich im Verlauf des Buches nicht erwähnt habe. Da ich nicht um den heißen Brei herumreden möchte, habe ich mich entschlossen, das Gesagte noch einmal knapp darzustellen und einen kurzen Ausblick auf die Zukunft zu geben. Ich hoffe, dass dich dieses Buch motiviert hat, diesen einen Schritt in die von dir definierte Richtung der Gründung einer Unternehmung zu machen. Die Zielerreichung ist das Resultat vieler kleiner Schritte. Mir geht es nicht darum, dass du die Welt an einem Tag veränderst, sondern dass dir klar wird, dass nur du derjenige bist, der etwas in deinem Leben verändern kann. Nur du bist der Herr über deinen Erfolg. Allein eine Veränderung deiner Sichtweise ist ein Schritt in die richtige Richtung. Im Folgenden fasse ich den Inhalt des Buches also noch einmal kurz zusammen.

Fazit

Deine Vision und deine Ziele im Leben sind die Basis, die Grundlage, auf der du dein Haus, deine Unternehmung aufbauen wirst. Deswegen ist es sehr wichtig, sich die Frage nach dem Sinn des eigenen Lebens zu stellen. Veränderung bedeutet auch eine Umstrukturierung, eine 180-Grad-Wendung. Du musst dich neu erfinden, dein inneres Ich muss neu definiert werden. Das Ergebnis dieser Neudefinition sind deine Vision und Mission im Leben. Daraus leitest du deine Ziele ab.

In dem Moment, wenn du dich zu einer Veränderung entschließt und sie akzeptierst, solltest du dort beginnen, wo du stehst. Versuche basierend auf deinen Zielen eine Ist-Soll-Analyse durchzuführen. Verschiebe nichts auf morgen oder übermorgen. Rede dir bitte nicht ein, dass du noch nicht bereit bist. Ignoriere die Stimmen, die dir vielleicht bis jetzt gesagt haben, dass du nichts kannst. Es sind alle Ignoranten, denn es gibt keinen, der nichts kann. Wer die Leistung eines Affen an seiner Gabe zu schwimmen misst, wird glauben, dass dieser ein Versager ist. Wer die Leistungen eines Fisches an seiner Gabe zu fliegen misst, wird auch ihn ebenfalls für einen Versager halten. Auch wer eine Raupe an ihrer Gabe zu rennen misst, wird enttäuscht sein.

Deine erste Aktion sollte daher, salopp gesagt, darin bestehen, erst mal herauszufinden, was für eine Tierart du bist. Wenn du ein Fisch bist und bemerkst, dass du dein ganzes Leben versucht hast zu fliegen, solltest du es aufgeben, denn es ist klar, dass die Luft nicht dein natürliches Umfeld ist, indem du voll aufgehen kannst. Gib das Fliegen auf und versuche es erneut im Wasser. Solltest du ein Affe sein, der sein ganzes Leben versucht hat zu schwimmen, solltest du das Schwimmen aufgeben und dich im Klettern versuchen.

Was ich damit versuche zu sagen, ist, dass du das Umfeld finden sollst, indem du voll aufgehst. Du bist kein Versager, du befindest dich nur momentan in einem Umfeld, das deinen Kompetenzen nicht entspricht. Nimm deinen Mut zusammen und wechsle dein Umfeld. Frage dich, wo du geradestehst und wo du hin möchtest, wo siehst du dich in sechs Monaten, einem Jahr, zwei Jahren bzw. langfristig? Anhand dieser Frage kannst du bereits einen groben Plan mit ersten Aktivitäten entwerfen. Bis hierhin dreht sich alles um das Was, sprich, darum, was ich alles brauche, um das Ziel zu erreichen. Weiterhin ist es wichtig, sich die Frage nach dem Wie zu stellen: Wie komme ich dahin, welche Ressourcen habe ich bereits und welche brauche ich noch? Mit diesen Fragen beginnst du die detaillierte Planung. Vergiss nicht, Zwischenergebnisse oder auch Meilensteine einzuplanen, um den Fortschritt deines Projektes verfolgen zu können. Nach jedem Ziel solltest du den Ist-Zustands und den zu erreichenden Zustand vergleichen, um deine bis dahin erreichten Ergebnisse bewerten zu können. Was lief gut, was lief weniger gut und was lief schief? Woran lag es? Was kannst du in Zukunft anders machen, um diesem Fehler vorzubeugen? Mit diesen Fragen am Ende jedes erreichten Meilensteins kannst du Verbesserungsmaßnahmen definieren und diese direkt bei der Verfolgung des nächsten Ziels anwenden. Diese Kontrolle oder auch Qualitätssicherung beugt ungewollten Ergebnissen vor.

Zusammenfassend kann gesagt werden, dass ein langfristiger Erfolg (siehe Kapitel 6.4) angestrebt werden muss, um eine kundenorientierte Strategie entwickeln und umsetzen zu können. Dies bedeutet, dass der Kunde stets in jede Entscheidung miteinbezogen werden muss. Weiterhin müssen 20 bis 30 % Requirements Engineering (siehe Kapitel 6.2) eingesetzt werden, um die echten Anforderungen des Kunden zu ermitteln (siehe Kapitel 6.3.1). Wer die echten Anforderungen des Kunden ermittelt, hat den Kunden bereits zu 50 % auf seiner Seite. Die anderen 50 % sind von den Entscheidungen während der Steuerung deiner Unternehmung abhängig. Die Erweiterung deines Business auf ein Online-Business (siehe Kapitel 7) ist eine effektive Methode, die langfristig deinen Gewinn optimiert. Eine Unternehmung, die sich an die Digitalisierung anpasst und auf allen Ebenen agil wird, arbeitet effektiver und effizienter. Dies gewährleistet nicht nur die Zufriedenheit der Kunden, sondern deren langfristige Bindung an deine Unternehmung.

Alle Empfehlungen, die in diesem Buch gegeben werden, müssen an die Art deiner Unternehmung angepasst werden. Je detaillierter du jedoch jeden Teilprozessschritt (TPS) analysierst, desto qualitativer hochwertiger werden die Ergebnisse. Renne nicht, nimm dir die Zeit, über jeden deiner Schritte nachzudenken, und versuche peu à peu aus all diesen Schritten ein Gesamtbild zu konzipieren. Visualisiere es, lass dich davon inspirieren und versuche nicht, bei jedem Schritt die Welt neu zu erfinden. Finde heraus, wie es andere machen, adaptiere, um Zeit zu sparen. Wobei adaptieren nicht damit zu verwechslen ist etwas eins zu eins zu kopieren. Du darfst nie vergessen, dass deine Motivation und dein Wille zum Erfolg das Wichtigste sind. Je stärker diese sind, desto energiegeladener und determinierter gehst du an die unterschiedlichen Aktivitäten heran.

Zuletzt bringt die kontinuierliche Einbeziehung des Kunden in Form einer realen oder fiktiven Persona Transparenz, diese Vorgehensweise ermöglicht dir eine schnelle Anpassung und Umsetzung deiner Anforderungen oder Funktionen. Du kannst das Feedback verwenden, um Fehler zu erkennen und zu beheben. Dies erhöht nicht nur die Effektivität und Effizienz der Arbeit, sondern auch deren Qualität. Wenn du schnell wachsen möchtest, solltest du dich nicht nur auf deinen Verstand und dein Können verlassen, lerne auch mal andere Sichten kennen, zum Beispiel durch Weiterbildungen, sei offen für Neues, nimm jede Kritik oder Bemerkung, die auch mal in die gegengesetzte Richtung gehen kann, an. Versuche dich kontinuierlich zu verbessern und steigere peu à peu deine Leistungen und Erwartungen.

Verlasse dich nicht auf dein Kernprodukt, vergiss nicht, dass jedes Produkt eine Lebensdauer hat. Setze dir als Ziel, die zunächst festgelegten Intervalle deiner Produkte zu erweitern oder ganz zu substituieren. Gehe nachhaltig vor und achte immer darauf, dein Versprechen gegenüber dem Kunden zu halten, denn dieser ist der Richter über deine Unternehmung.

Ausblick

Es gibt keine Anleitung für den richtigen und perfekten Weg, eine Unternehmung zu gründen, zu führen und zu steuern. Deshalb empfiehlt dieses Buch nur das Was, sprich, welche Schritte dabei am besten gegangen werden sollten. Zumindest sind es die Schritte, die sich für mich und Herr Djoukang Necdem bewährt haben. Das Wichtigste dabei ist, den ersten, den einen Schritt zu machen, sprich, von A nach B zu gelangen. Fange einfach an, dich zu bewegen, eine Aktion auszuführen. Die Geschwindigkeit ist dabei völlig zweitrangig, wenn sie sich auch von Mensch zu Mensch unterscheidet. Es kommt darauf an, wie lange der Veränderungsprozess (siehe Kapitel 6.4.2) bei jedem dauert.

Als ich gestern Abend über dieses Buch mit einem Bekannten sprach, stellte er mir eine Frage, die ich für sehr wichtig halte. Aus diesem Grund habe ich mich dazu entschieden, dieses Buch mit genau dieser Frage abzuschließen: *„Würdest du auch einer Person empfehlen, eine Unternehmung zu beginnen, die mehr als genug in ihrem Job verdient? Sollte jeder seine eigene Struktur gründen? Denn ich kenne als Unternehmer die Herausforderungen, die es mit sich bringt, wenn man neben dem Hauptjob noch parallel etwas startet. Meistens ist das Endergebnis, dass die eigenen Leistungen bei der Arbeit abnehmen, weil man zu sehr mit seinem eigenen Ziel beschäftigt ist.“*

Ich persönlich fand die Frage sehr erfrischend, denn sie half mir, bestimmte Missverständnisse aus dem Weg zu räumen und eine gewisse Transparenz zur Förderung des Verständnisses des in diesem Buch behandelten Themas zu ermöglichen.

Bevor ich ihm eine Antwort auf seine Frage gab, beschrieb ich ihm vorab vier Kategorien von Menschen:

▶ **Erste Kategorie** In dieser Kategorie befinden sich Menschen, die mehr als genug in ihrem Job verdienen und keine Geldsorgen im Leben haben. Sie haben sich ihr ganzes Leben lang nie um etwas sorgen müssen. Sie mussten sich auch keine Gedanken um den Erfolg machen, alles ergab sich von selbst.

▶ **Zweite Kategorie** In dieser Kategorie befinden sich Menschen, die in ihrem Leben irgendwelche Abschlüsse absolviert haben mit dem Ziel, Geld zu verdienen. Diese Menschen geben sich mit ihrem Gehalt zufrieden und obwohl der Job für sie eigentlich nicht „das Wahre" ist, wollen sie daran nichts ändern. Sie sind mit diesem Minimum nicht glücklich, aber sie wollen auch nicht mehr aufwenden. Sie versuchen sich nach außen nichts anmerken zu lassen und unterdrücken nach innen alles, um sich nicht damit auseinandersetzen zu müssen.

▶ **Dritte Kategorie** In dieser Kategorie befinden sich die Menschen, die ebenfalls einen Abschluss gemacht haben mit dem Ziel, Geld zu verdienen. Nur unterscheiden sie sich von der zweiten Kategorie, weil sie neben ihrer täglichen Arbeit noch andere Ziele im Leben haben, als für jemanden zu arbeiten. Sie wollen mehr als nur eine Position in irgendeinem Unternehmen besetzen. Sie wollen mehr aus ihrem Leben machen. Auch wenn man ihnen alles Geld der Welt gäbe, würde dies nichts an der Tatsache ändern, dass sie ihre Träume verwirklichen müssen. Sie wissen innerlich, dass sie zu mehr gemacht sind. Sie wurden nicht in diese Welt gesetzt, um sich von jemandem herumkommandieren zu lassen.

▶ Zuletzt gibt es **die vierte und letzte Kategorie.** Hier befinden sich Menschen, die aus irgendwelchen Gründen nicht da sind, wo sie sein wollen. Sie haben keinen Abschluss. Sie versuchen sich mit vielen kleinen Minijobs über Wasser zu halten und träumen davon, eines Tages erfolgreich zu werden. Meines Erachtens ist es gerade diese Kategorie, die das größte Potenzial hat, da sie bereit ist, alles zu versuchen, um zu überleben, denn ihr monatliches Einkommen deckt gerade mal oder überhaupt nicht ihre Bedürfnisse. Meistens sind es auch diejenigen, die in der Praxis versuchen, etwas zu bewirken, bis sie ihr Ziel erreichen, weil sie nichts zu verlieren haben. Sie sind bereit, alles zu opfern, und gerade das macht ihre Stärke aus.

„Alle diese Aussagen sind nur Theorien und Behauptungen", fügte ich noch hinzu, bevor ich Folgendes ergänzte: Wie viel jeder verdient oder wie hoch oder wie niedrig die Position einer Person ist, spielt überhaupt keine Rolle. Viel wichtiger ist es zu hinterfragen, ob dieser Mensch sein Lebensziel oder seine Vision definiert hat. Lebt er gerade seinen Traum? Ich bin überzeugt, dass es keine perfekte Formel gibt, um seine Reise in dieser Welt zu vollenden. Jeder muss den einen Weg für sich definieren, sodass er am Ende seines Lebens sagen kann: „Ich habe wirklich gelebt." Jeder Tag in diesem selbst definierten Leben sollte wie der letzte gelebt und ausgekostet werden.

Die Fragen, die sich jeder stellen sollte, sind: „Wie würde ich mein Leben definieren, wenn ich keine finanziellen Sorgen hätte? Was würde ich machen, wenn es niemanden gäbe, der meine Taten beurteilte? Wenn ich heute erfahren würde, dass ich nur noch ein paar Tage zu leben hätte, wohin würde ich gehen? Welche Lebensphilosophie hätte ich?" Das ist für mich die bedeutendere

Frage, denn ich bin davon überzeugt, dass jeder von uns seine Bestimmung erst definieren sollte, bevor man hinterfragt, ob man glücklich ist oder nicht. Auch der CEO eines großen Konzernes wird trotz des vielen Geldes, das er verdient, nicht unbedingt erfüllt sein, wenn das Ziel seines Lebens woanders liegt.

Verstehe mich nicht falsch, was ich auszudrücken versuche ist, dass jeder sein Leben so gestalten sollte, dass es mit seinen Überzeugungen, Werten, Prinzipien und Leidenschaften in Einklang ist. Wenn du als Angestellter glücklich sein möchtest, solltest du bei deiner Stellensuche darauf achten, dass die Ziele und Werte, die Mission und die Prinzipien des Unternehmens mit deinem eigenen Ziel im Einklang stehen. So kannst du zwei Fliegen mit einer Klappe schlagen.

An dieser Stelle möchte ich nicht auf die Wichtigkeit oder Bedeutung des Geldes eingehen. „Geld ist doch wichtig", höre ich dich laut denken, während du diese Zeilen liest. Ja, ich gebe dir Recht, denn es ist nun mal die Währung, gegen die wir unsere Zeit, das wertvollste und teuerste Geschenk, das jeder Einzelne von uns umsonst bekommen hat, eintauschen. Geld ist für mich eine Ressource, die zu noch mehr Glück, Liebe, Frieden etc. beiträgt, aber sie kann das alles nicht ersetzen. Glück ist eine Entscheidung, es ist ein Zustand, den jeder von uns in sich anschalten muss.

Keiner weiß, wie viel Zeit er noch auf diesem Planeten hat, aus diesem Grund sollte jeder diese wertvolle Zeit nutzen, um etwas zu machen, das ihn erfüllt und dazu führt, dass er einen wertvollen Beitrag auf dieser Erde leistet. Wer es schafft, seine Leidenschaft mit seinem Lebensziel zu vereinen, wird nie mehr das Gefühl haben, arbeiten zu müssen, denn Arbeit empfinden wir meiner Meinung nach als eine Tätigkeit, die uns nicht wirklich gefällt. Sie wird zu einer Last und irgendwann transformiert sie sich in einen Virus, der die Kontrolle über unser Leben übernimmt.

Dieses Buch ist gerade aus diesem Grund entstanden. Es ist ein Appell an dein inneres Ich. Höre darauf und sei erfüllt!

Lightning Source UK Ltd.
Milton Keynes UK
UKHW020649130621
385437UK00004B/34

9 783753 467832